领导干部参考译丛

Исповедь

马克思的自白

孙维韬题

［苏］瓦·奇金 ◎著

蔡兴文　孙维韬　柏森　寒薇 ◎译

全国百佳出版社
中央编译出版社
Central Compilation & Translation Press

马克思(摄于1867年)

马克思的夫人燕妮·马克思年轻时的画像

马克思、恩格斯和马克思的三个女儿燕妮、劳拉和爱琳娜(摄于1864年5月)

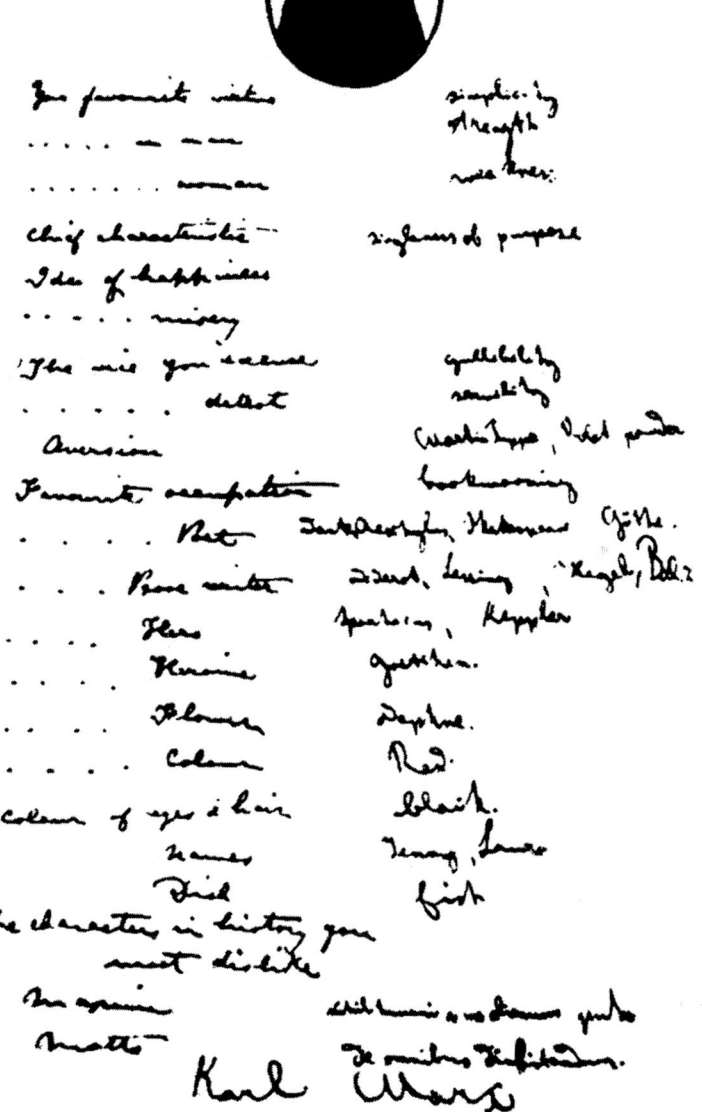

马克思亲笔题字的《自白》

目　录

作者前言 …………………………………………………… 1

您认为一般人最宝贵的品德——纯朴 ………………………… 1
您认为男人的最好品德——刚强 ……………………………… 12
您认为女人最值得珍重的品德——柔弱 ……………………… 19
您的特点——目标始终如一 …………………………………… 28
您对幸福的理解——斗争 ……………………………………… 45
您对不幸的理解——屈服 ……………………………………… 67
您能原谅的缺点——轻信 ……………………………………… 76
您最厌恶的缺点——逢迎 ……………………………………… 87
您讨厌的人——马丁·塔珀 …………………………………… 100
您喜欢做的事——啃书本 ……………………………………… 104
您喜爱的诗人——莎士比亚、埃斯库罗斯、歌德 …………… 115
您喜爱的散文家——狄德罗 …………………………………… 130
您喜爱的英雄——斯巴达克、刻卜勒 ………………………… 136
您喜爱的女英雄——甘泪卿 …………………………………… 142
您喜爱的花——月桂 …………………………………………… 146

您喜爱的颜色——红色 …………………………………………… 148
您喜爱的名字——劳拉、燕妮 ………………………………… 157
您喜爱的菜——鱼 ……………………………………………… 167
您喜爱的格言——人所具有的我都具有 ……………………… 169
您喜爱的座右铭——怀疑一切 ………………………………… 175

附录一：卡尔·马克思的《自白》 …………………………… 184
附录二：马克思爱书篇 ………………………………………… 197
 （一）马克思如何利用图书馆 ………………………………… 197
 （二）马克思与藏书 …………………………………………… 202
 （三）马克思逛书店 …………………………………………… 205

译后记 ……………………………………………………………… 208
再版《马克思的自白》译后一席话 ………………………… 209

作者前言

马克思的女儿利用马克思完成他天才的著作《资本论》第一卷前的少有的片刻休息，让父亲填写的那份举世闻名的"调查表"，我们几乎在每一部描写马克思的名著中都读到过。表中填写的句句名言，人们往往作为全面评断他那极其深邃品格的依据。有人说"调查表"是用半开玩笑口吻填写的，而且某些问题的提法，对一位伟大的思想家来说，也显得不够得体和"微不足道"，有失这"调查表"的声望，有碍在"社会上的流传"。其实，马克思的回答，就在劳拉从她父亲谈话中记录下来的那个广为流传的自白中，我们是找不出轻浮戏笑的影子的。对任何一个答复，我们都决不会感到意外。

谈笑风生、诙谐幽默和趣味盎然——这历来是无产阶级伟大导师所固有的气质。他们无论是在埋头从事科学研究的时刻，还是在与朋友和睦诚挚的交往之中；无论是面对敌人，还是大难临头之际，从未改变过这种气质。恩格斯曾指出，在这种幽默当中包含着"许多非常严肃的东西"。若是考虑到马克思当时对他女儿说的一句自白："我这个人在决定一件事情以前总要想上两遍"①，那么，对马克思回答的明确性更是毋庸置疑的了。

应该再补充一句，产生调查对话的那段时间，应该说正是马克思工

---

① 《马克思恩格斯全集》第1版第31卷，第480页。均为译者注，且本书所有页下注释若无特殊说明，均为译者注。

作最紧张的时刻。他在竭尽全力,想尽快完成人们早已殷切期望出版的《资本论》,而且,这种情况"像恶梦般压迫着我……"①。在"国际"形成的关键时刻,应该设法使"国际"保持稳定;在中央委员会议上"展开了争论……一直争论到半夜十二点钟";应该帮助德国的工人农民弄清德国工人运动——使他们免受拉萨尔主义这种"卑鄙的实用政策"的影响;应该再次逃出债务的深渊——几个月来那种难以忍受的"完全靠典当"的生活;最后,起码应该恢复健康——全家人在这个酷热的伦敦之夏都相继病倒了,仿佛在向"大自然"偿还最后一笔债务……

这年春天,马克思挤出一点时间,乘车到扎耳特博默耳他居住在荷兰的姨父——商人莱昂·菲力浦家里度假,安逸地度过了两三个星期时间:和姨父就"世界的命运"和"人类的前途"等问题展开了争论;和"好莱坞的女秘书"——表妹南尼达进行了几次友好的谈话。南尼达像马克思的女儿一样,让马克思利用休息时间也填写一份"自白"。这另一种文本,后来称为扎耳特博默耳的自白,同劳拉记录的自白几乎没有什么差别。当然不该苛求摆脱了各种事物的《资本论》的作者在每个细节——每一次微笑上都一模一样。他这次在回答"您爱好什么?"问题时,没说"啃书本",而是说"看小尼达"②。在回答大女儿燕妮的问题时,我们发现马克思提到他所喜爱的诗人和散文作家的名字要更多一些……

人们将"调查表"称之为自白。这自白的框框,对一个革命家和思想家来说不是过分狭窄了吗?当然是如此!但是,除掉1865年填写的这个自白以外,卡尔·马克思在世界和人类面前几乎自白了将近半个世纪。所谓自白——就是自我解剖和自我表露、确定自己的观点和原则。年轻的博士马克思,在他进入25岁那年,就正是这样确立了自己

---

① 《马克思恩格斯全集》第1版第31卷,第522页。
② 即他的表妹南尼达·菲力浦斯。

从事科学和革命工作的纲领。

"我们不是以空论家的姿态,手中拿了一套现成的新原理向世界喝道:真理在这里,向它跪拜吧!我们是从世界本身的原理中为世界阐发新原理。我们并不向世界说:'停止斗争吧,你的全部斗争都是无谓之举',而是给它一个真正的斗争口号。我们只向世界指明它究竟为什么而斗争;而意识则是世界应该具备的东西,不管世界愿意与否……这是既为了世界,也为了我们的工作。这种工作只能是联合起来的力量的事业。这里所谈的是———一种自由……"①

他的一生都在写着他的自白。无论是写充满青春朝气的短诗,还是写抨击的文章——那冲杀字句排成的战斗纵队;无论是剖析整个世界,还是写给燕妮的充满信任的书信,他都提出了那些普遍而永恒的课题:关于人的品质,关于个人和社会的关系,关于幸福和不幸的理解,关于英雄和懦夫的区别,关于真假财富的问题,关于同情和憎恶的问题……而他的回答总是明确的,"从不含糊其辞"。

让我们把他一时的自白和一生的自白结合起来吧。这种文学手法,能使我们更深刻地了解马克思生活的某些侧面,聆听他的自述。

我们参阅了这两位科学共产主义奠基人的几十部著作。这些著作系统地阐述了他们的革命学说,全面地论证了他们的观点。马克思早在撰写第一部科学著作时,在自己的研究"笔记"里就提出:"通过一个人的作品,能了解他的精神世界。"遵照这条原则,我们通过马克思的战斗的科学巨著便可以了解他这位战士的为人。

我们查阅了马克思与恩格斯近1600封来往信件——这些珍贵的文献资料。这是他们40年间相互交换的信件。这是一部独具一格的书面体传记。它以令人震惊的鲜明性揭示了他们为人类所付出的艰辛劳动。他们那种最宝贵的思想和最高尚的情操,加速了工人运动的前进步伐,

---

① 《马克思恩格斯全集》第1版第1卷,第418页。

激起了这个世纪的全部热忱。马克思逝世后,恩格斯在翻阅马克思那些充满生命力的文稿时,有充分理由说:"海涅的诗篇同我们的泼辣而欢乐的散文相比,不过是儿戏而已。"① 当时,马克思和恩格斯在批驳文学上表现革命者的矫揉造作和装腔作势的文风时建议:"我们殷切希望,描写一个领导运动的党的领袖人物,不论他在革命前、在秘密团体或刊物上出现,还是在革命过程中,作为一个公开人物出现,总之都要用严肃、饱满的色彩来表现他的全部生活的真实。"他们自己一贯是照此行事的。他们的书面体自传就是用这种丰满朴实的色调来表现的。

我们翻阅了列宁主义的瑰宝。列宁对马克思的天才发现和空前的至关重要的贡献有深刻的理解。弗拉基米尔·伊里奇遵循马克思的教导,继承了无产阶级斗争的伟大事业。他教导我们深刻而认真、灵活而直接地吸取马克思的每句教导,使我们理解他的思想深邃,使我们感到"如同聆听这位天才思想家的演讲一样"。

我们参阅了那些同马克思有共同生活经历,并与马克思朝夕相处的亲属、战友和工人运动老战士所写的最珍贵的资料。在这些资料中,包括那些亲自见过马克思的俄国革命家写的文献资料。当时即将到来的俄国革命是马克思的最大希望,那些真正的先进分子使马克思感到高兴。"那是一些真正有才干的人,没有颓伤的情调,是朴实干练的英雄。"继出版著名的《马克思恩格斯回忆录》之后,又相继出版了《他们的纯朴和人性》、《马克思家书》、《俄国同时代人回忆马克思和恩格斯》、《马克思一家与俄国政治家通信集》及其他一些可供我们阐述使用的极其珍贵的资料。

我们最后还查阅了大量的科学和文学传记著作。这些著作认真而仔细地研究了这位伟大思想家的生平,研究他对人类生活和精神面貌的观点,研究了他思想的胜利发展的过程。

---

① 《马克思恩格斯全集》第 1 版第 36 卷,第 36 页。

自白，当然不能作为全面分析马克思生平的根据。这只不过是他思想和感情的公开的即兴之作。因此，我们打算用别开生面的方式，来解释马克思以天才巨人的思想闪光和英明睿智在他女儿纪念册里顺便写下的自白，而不想编写他的详细传记。这里不想以编年大事记的顺序来阐述各种事件，也不想罗列全部丰硕的史实——否则定会使自白篇幅过大，更不敢奢望去评论马克思的浩瀚巨著。在这里，只想引用和说明那些与马克思言简意赅的自白有关的事实、事件、生活印象和见解，想用他的自述来深入了解自白，用他自己的极其丰满的油彩来勾画出他肖像的草图……

让熟悉马克思的读者在新的构思中和在别具一格的自白形式中，去进一步探求他那高尚的品格，去构成这个人物更完美的形象。让读者独自打开这位巨人的极其丰富的精神世界的大门，自己去体验求知的真正渴望，从而去发掘马克思主义的泉源，来解除自己的干渴。

您认为一般人最宝贵的品德——纯朴

说这句话的,是这样一个人:他因为给世界做出了最复杂的心动图而使多少代人感到震惊;他曾从资本主义势力的混战中,以无与伦比的鲜明性豁然揭示出社会进步的真正规律。正是他告诫我们:纯朴是一个人必不可少的高尚品德!这是用来约束谁的呢?律己吗?

是的,当然也是律己的!卡尔·马克思的一生时时刻刻都以纯朴律己。他在科学上尽量做到朴实,他在个人的一切行为表现中处处做到纯朴。他由于充分认识到自己所从事的变革活动的意义,以及自己在历史舞台上扮演的主要角色,仿佛在与某个自命不凡的人物抗衡似的,把纯朴奉为为人道德的准则。

第一批写马克思传记的作家之一弗兰茨·梅林,在写卡尔·马克思充满惊心动魄事件和伟大献身精神的毕生经历时,有意识地探讨了这位天才人物在惨无人道的资本主义世界里之所以遭受厄运的原因。资本主义社会,在肆无忌惮地掠夺这位天才的财富,丧尽天良地剥削他的同时,还阴险奸诈地镇压每一个威胁它固有安宁的创造力量。这个社会给天才人物准备的:要么是火刑,要么是钉上十字架,要么是使庸夫俗子就范的礼服。谁想识破资本主义社会的奥秘,谁想溯本求源深挖它的谜底并锻造出降服这条资本主义百头毒蛇的武器,那么,等待他的,将是比古代的钉上十字架和中世纪的火刑还更残酷的刑法。

梅林说:"在19世纪的天才人物当中,没有一个人曾经受过比一切天才中最伟大的天才——卡尔·马克思——所经过的更痛苦的命运了。"① 他被跟踪、驱逐，饱尝漂泊异乡的悲苦；他受诬陷、中伤，在心灵上留下了无法治愈的创伤。他穷困潦倒，生活水平甚至不及一般平民百姓：有时，连外出需要穿的衣服和鞋子都没有；囊空如洗，拿不出一个便士买稿纸；家里连可以典当的东西都没有了；无法还清欠小店主的债务……这位"无产阶级圣经"的天才创始人充分体验了无产阶级所肩负的一切重担。有一天，在撰写《资本论》最紧张的时刻，他谈到家中生活状况时说："我们的处境和曼彻斯特工人一样。"为了把《资本论》的手稿送给出版商，他得先到当铺赎回自己的外衣。他为人类最美好的理想舍身忘我地工作；他那最俭朴的生活方式在很大程度上确定了他对待人类真正高尚品格的态度。在这些品格中他最崇尚的是纯朴。

到这位伟大导师家里的人，来自四面八方：有的来自西伯利亚的原始森林和美国多石的热带丛林；有的来自曼彻斯特的工厂和法国的沙龙。一个旁观者——马克思小女儿的女友玛丽安娜·科敏指出：这些人"都是令人捉摸不透、有极大差别的各阶层人物，但仿佛又有一种东西使他们所有的人都相似。他们大部分人都是没有财产的穷人，身着破旧，悄悄来去，但是，他们又都非常乐观、非常风趣。"

在这里，对那些衣着朴素的无产者的接待，比对那些衣冠楚楚的世袭贵族要热情殷勤。大家都知道，有不少人曾有幸自称为马克思家中的常客和嘉宾，甚至成了他家的成员。威廉·李卜克内西历尽艰辛到达伦敦后，就住在马克思住宅的二层阁楼上，弗里德里希·列斯纳、约翰·格奥尔格·埃卡留斯、卡尔·沙佩尔等许多革命战友也经常到这里来避难，得到热情的款待和关照。他们大家都异口同声地说，这里充满着"愉快"、"谦恭"和"纯朴"的气氛。

---

① 〔德〕弗·梅林：《马克思传》，樊集译，生活·读书·新知三联书店1965年版，第294页。

您认为一般人最宝贵的品德——纯朴

"对于任何一位值得信任的同志,马克思家的大门总是敞开着的。像其他许多同志一样,"弗里德里希·列斯纳说,"在他的家庭里度过的时光使我毕生难忘。马克思的夫人给人的印象是非常深刻的。她是一位身材修长的、非常漂亮而睿智机敏的妇女,对人和蔼可亲,雍容大方,所以大家感到同她在一起就像和自己的母亲或姊妹在一起一样……"[①]

当然,马克思对纯朴的理解是:它不是一种"处事"的风度,而是同值得信赖的人交往的准绳,是搞好同志关系的基本原则。纵观他一生的经历和他与同志和睦的交往,便可发掘出值得大书特书的美好题材,以最美好的方式展示出一个纯朴的人在哲学和日常生活上的含义。让我们从千万个事例中抽出一个来剖析剖析。我们想到从图林根来的裁缝约翰·格奥尔格·埃卡留斯的事。他刚满30岁那年,就上了马克思的"家庭大学",听了为工人开设的政治经济学课。

1859年冬季,他患肺结核,卧床不起。当时,他非但无力从事党的工作,而且也不能做他的裁缝活计了,简直无法养家糊口。马克思知道这个情况后,立刻给他"一些帮助"——他把妻子仅有的一件"多余的"连衣裙送进了当铺……但治疗并没有达到预期的效果。埃卡留斯听到医生的明确宣判后,不得不向马克思诉说他内心的苦衷。他由于身体状况不能再搞裁缝工作,只好结束裁缝生涯。医生束手无策,爱莫能助,认为唯一的希望就是"换一换空气"……马克思毫不犹豫地将埃卡留斯接到自己的身边,在离他家不远的地方,自己出钱给埃卡留斯租了一处舒适的住所,每天请他到家里来用餐。于是,他的身体逐渐康复了。原因,也许是由于"换了空气",也许是由于精心护理。过了一段时间后,马克思便给曼彻斯特写信,告诉恩格斯:"埃卡留斯的住处只和我们相隔几户人家,他已住了两个多星期。现在身体好一些了。"[②]

[①] 拉法格:《回忆马克思恩格斯》,人民出版社1957年版,第120页。
[②] 《马克思恩格斯全集》第1版第30卷,第82页。

又过了一段时间，埃卡留斯"恢复了工作能力"。于是马克思便请恩格斯在曼彻斯特裁缝店那里给他找个工作。"他的搬家费用，我们在这里筹措。"接着在"我必须提醒你"这句补充话后，以纯属日常生活的朴实态度，并不是从探讨他科学研究成果的角度来同恩格斯交换自己的观点：

"谈到他，我必须提醒你：我认为他得的是一种脊髓病。他的妻子是个讨厌的人：侈求体面（教会执事的女儿）和爱尔兰作风在她身上奇特地混合在一起。她管理家务很马虎。他本人没有一点精力，没有一点积极性，特别是从他的病加重以来。因此，必须使他不要一到曼彻斯特就受到纵容。他需要外界的强制，这特别是为了使她不致产生任何幻想。"①

在这段日常生活的纯朴语言中丝毫没有慈善家的口吻。

这种坦率的态度正出于他那聪慧的严格要求的精神。可惜，他们产生了抱怨情绪，使这些必要的警告白搭。埃卡留斯夫妇一直没能克服自己的懒散惰性。过了一两年以后，于1862年的秋天，他们相继死掉了三个孩子。当时马克思自己的生活委实很清苦，真可谓一贫如洗，但为了他们，他在亲友们中间四处奔走，为他们募捐……

图林根的那位裁缝和特里尔的天才儿子是同龄人。他们俩都在被驱逐之中，都忍受着贫困的折磨，但马克思一向以排除万难、关心同志和资助遇难战友为己任。甚至，当这个同志身"患了""巴枯宁主义的病"（这种病并不危及健康），或者在"国际"总委员会上拥护分裂分子，或者写"断交"信的时候，马克思既没有放弃一个朋友的责任，也没有放弃一个革命领袖的义务。他一如既往，仍然是那样关心他、耐心地等待他和严格地要求他。马克思在他和埃卡留斯都满50岁的时候，向他提出了同志式的批评。"看来你认为，当你犯了错误，别人就得对

---

① 《马克思恩格斯全集》第1版第30卷，第85页。

你说恭维话，而不是像对其他任何人一样向你指出真理……你不要以为，你私人的和党内的老朋友由于认为自己有责任反对你的任性，而在现在或将来对你的态度会因此而变坏……"①

马克思广泛接触各阶层人们时所持的自然而持久的态度，是以深刻的民主作风为基础的。这个特征，如同他具备的天赋讲演才能和思考能力一样，都是他所固有的气质。他深刻认识到，阶级的偏见和社会的陈规陋习是怎样无情地改变着人的心理状态。他对妄自尊大或矫揉造作、目空一切或蔑视他人的种种表现，一直保持着高度的警惕。在和朋友、同志的交往之中，他时常听到或觉察到人们无意中的失言，比如，什么"高尚的"家庭啊，什么"最文明"的社团呀，什么"黑色"的血种呀，什么"下等"的阶级呀等等字眼。即使是在谈吐中稍微流露出自己社会地位高人一等的人，都会使他感到厌恶。

……有一次，在《资本论》出版以后，恩格斯好不容易才说服自己的朋友离开伦敦这喧闹的都城，到约克郡园林去旅游，好好休整休整。马克思打算带他14岁的小女儿爱琳娜去。这次，恰好筹集到一大笔款子。可惜，这次旅游使人联想起"银行家"在破产前出走的悲喜交加的插曲。艾仁·杜邦是一个很有才干又很谦逊的小伙子，不到万不得已决不求人。如今他失业了，他妻子又病危，必须给他6个英镑。列斯纳又来了。他妻子死后，处境十分艰难，得给他5个英镑。可尊敬的李卜克内西本人没出面，是通过埃卡留斯来求援的。约翰热泪盈眶地说，威廉若不马上付清房租，就有被立刻撵出住宅的危险，只好再给他2个英镑。这样一来，就拿掉了一半积蓄。剩下的那些英镑又遭到了意外的洗劫。从锡蒂来了一位不速之客——30年前的债权人，目前正因盗用公款处于逃亡之中，他要走了15个英镑。"这样一来，"这个不走运的"旅游者"只好宣布："我便囊空如洗了。"②

---

① 《马克思恩格斯全集》第1版第33卷，第454页。
② 《马克思恩格斯全集》第1版第32卷，第301—302页。

这次旅游，在恩格斯的资助下总算成行了，而且可以说很顺心。马克思曾对大女儿谈到这次约克郡园林之行的详细而又俏皮的总结——结识了一些格外风趣的人；生动地描画出了他们的肖像；有个勤奋好学的年轻学者，心地像农民那样朴实，知识丰富，待人热情，使马克思感到高兴。那个青年学者"天真得像个孩子，一点也不傲慢，不管谁向他打听他的科学发现，他都随时见告"。① 提起在农场的那次简单而愉快的聚餐时，又谈起了同这位青年地质学家捷金斯的对话。这个对话人真是一个"天生的"共产主义者，是一个异常热忱和勤奋刻苦的人……

在龚佩尔特的书信体小说中有一幅插图，叫做"必服的苦药"。不到这位老朋友——出生于法国的医生家中做客，那是不应该的。但是，整夜奉陪那位医生夫人——高傲的女士，听她夸夸其谈，实在又没有那么大的精力。每当她在哗众取宠、喋喋不休的时候，马克思总要不无愁恼地从事他那种独具一格的"地质考察"——研究时光在女主人脸上留下的痕迹：时光给她冲刷出一个虚伪的鼻子；还使她有了一个散发噪音的嗓子；而更令人可悲的，是在她的心灵上留下了厚厚的沉积……难怪，她不高兴乘坐公共马车；不愿到五光十色的人群之中；在剧院不愿意挨着池座坐——这一切都是因为"讨厌庶民身上的味道"。

"I like the clear million, but not the dirty million."

（"我喜欢干净的人群，不喜欢肮脏的人群。"）

马克思听到这句话后非常生气，但仍有礼貌地反驳她说："'干净的人'这句英文的谐音字亦可作'干净的百万'解释。"接着，以尖锐而又得体的礼貌态度顺便说：

"人们一般总是认为一百万干净的英镑，比任何一百万人（不管是洗过的还是没有洗过的）要好。"②

瞧她——正是这种反人道主义的现实表现，正是那种一般称之谓没

---

① 《马克思恩格斯全集》第 1 版第 32 卷，第 601 页。
② 同上书，第 603 页。

有人性的人。这位庸俗的女士,摆出一副贵族老爷式的虚伪派头,简而言之,就是卖弄那种所谓"洁癖"。难道她的所作所为,不正同那些高官显贵们的横行霸道如出一辙吗?难道她的这种市侩式的喋喋不休的抱怨,与拿破仑在别列津纳河畔表露出的那种至尊至圣的令人厌恶的态度有何两样么?传说,拿破仑眼看着大批士兵在别列津纳河里淹死,他却一面向随从示意,一面大喊:"Voyes ces crapauds!"(瞧这群癞蛤蟆!)即使说这是虚构的,那么,这虚构也是很准确的。"他是一个令人蔑视、卑鄙无耻而又没有人性的人",马克思早在青年时代就这样说过。这是一个明显的事实,也是独裁专政的唯一信条。连拿破仑这样干大事业的人物,"在他王朝覆没之前"都这样看待人民群众,又怎能苛求那些平常的庸夫俗子呢?

到马克思家来的每个心胸开阔的人,每个能理解并接受他关于同志关系应保持平等和诚朴原则的人,都会得到他的热情款待,都永远可以得到他的必要的支持和忠告。但是,谁要对他表现出偶像崇拜的情绪,他总要"大发雷霆";他对"形形色色装腔作势、追求虚荣和妄自尊大"的人,一贯表示厌恶。

"在我所认识的人物(伟大的、中等的和渺小的)中,完全没有虚荣心的不多,马克思便是其中一个。他十分伟大、十分刚强,而且也十分高傲,不屑于流于虚荣。他从不装模作样,始终保持本色。"①

我们都知道高尔基称颂列宁的那句名言,说"他像真理一样朴实"。同时代人完全可以用这样的比喻来评价马克思的为人。李卜克内西强调指出:"他是真理的化身。"不难设想,像他这样的人,对"徒有虚名的伟人和卑鄙的庸才以骗人的荣誉来炫耀自己"的各种行为,该是何等的深恶痛绝。

马克思对那些耍弄与一个真正人的纯朴感情截然相反的阴谋手段的

---

① 拉法格:《回忆马克思恩格斯》,人民出版社1957年版,第47页。

人,特别是那些被革命浪潮涌上权力的顶峰而主宰众人命运的人,从不宽恕。他不止一次尖锐地指出过这个问题。

在广泛研究本世纪初西班牙革命史的过程中,纵观"洪达"①的全部活动,他从道义上给"洪达"以致命的抨击:"卡德龙②笔下高傲的英雄把世袭的封号当成真正的伟大,在通报自己时,令人讨厌地列举了自己的一切封号;洪达也是这样,它首先忙于取得与自己高贵地位相称的头衔和荣誉。洪达主席得到了'殿下'的尊称,其他成员得到了'阁下'的尊称,而……整个洪达得到了'陛下'的尊称。洪达成员都穿上了好像将军一样的化装舞服,佩上画有新、旧大陆的胸章,并给自己规定年俸为12万雷阿耳。完全具有西班牙旧传统的起义的西班牙领袖,认为只要穿上戏装,就可以神气十足地、体面地走上欧洲历史舞台。"③

在所有执政的同时代人中间,马克思最推崇阿伯拉罕·林肯,这决非偶然。他虽然曾批评林肯缺乏某种程度的不彻底性和有一定政治局限性,但仍然给他以高度的评价。这位伟大的美国总统之所以使马克思敬仰,正是因为他平民出身、具有平民的感情和习惯。他为人"朴实、干练和不追求虚荣"。

当林肯以多数选票第二次当选总统时,马克思受国际工人协会总委员会的委托,起草一份贺信。贺信中他强调指出"由工人阶级忠诚的儿子阿伯拉罕·林肯来领导自己国家进行解放被奴役种族和改造社会制度的史无前例的战斗"④,这是一个良好的预兆。林肯写了复信,信中说:"所提一切,正是我努力的方向。"这里没有像给其他国家写回信时用的那种"伯爵钧鉴"等客套。

---

① "洪达"是指操西班牙语的各国中的各种团体和协会的名称。这里是指西班牙社会主义工人党委员会。
② 卡德龙·巴尔卡(1600—1681),西班牙的著名剧作家。
③ 《马克思恩格斯全集》第1版第10卷,第476页。
④ 《马克思恩格斯全集》第1版第16卷,第21页。

马克思在家中谈论"美国情况"时,林肯长时间以来一直是话题的中心。马克思全家一直在关注着美国国内战争的进程;在家中,甚至连最年轻的爱琳娜也认为自己"参加了美国的战斗"。

爱琳娜·马克思·艾威林说:"至今我仍记忆犹新,当时,我有一个坚定的信念,认为美利坚合众国总统若不听取我的忠告,他无论如何是不会在战争中取胜的,因此,我便给他写了几封长信。信当然要先请摩尔看后才送邮局的。过了许多年以后,他把保存下来的这些幼稚的信拿给我看。信写得太天真了。"

事后不久,总统就被凶手杀害了①。马克思怀着悲痛的心情、以讽刺的口吻说:"'那些至高无上的伯爵们'实在太凶狠了。对林肯的杀害在全世界掀起轩然大波,引起强烈的反响。他们之中任何一个人之死都决不会享受到这种荣誉。"

在马克思的陵墓上空回荡着这样的声音:人类低下了他的头颅……生前,他巨人般屹立在世界之上;今后,他的光荣将伴随他学说的胜利,千古流芳。让我们看看他生前是怎样恪守自己生活准则的,是怎样珍惜他认为高于一切的品格的。《资本论》出版后,朋友们打算在报纸上刊登一份宣传它的广告。马克思知道这件事以后,坚决要求撤销这个广告:"我认为这类东西有害无益,对科学工作者是不体面的。"百科词典的出版商早就向他索取简历,可他非但未给,而且连信都不回:"各有所好。"

还有一个情节。马克思在逝世前不久曾打算去看望他的大女儿,事先还写信专门提醒燕妮:"如果你不去为我到达的准确日期和钟点而操心,那就使我很感激了。"②

马克思在一封给亲属的信中是这样谈到他自己和恩格斯的:

"我们两人都把声望看得一钱不值。举一个例子就可证明:由于厌

---

① 1865年林肯被奴隶主和纽约银行家的走狗刺杀身亡。
② 《马克思恩格斯全集》第1版第35卷,第324页。

恶一切个人迷信，在国际存在的时候，我从来都不让公布那许许多多来自各国的、使我厌烦的歌功颂德的东西；我甚至从来也不予答复，偶尔答复，也只是加以斥责。恩格斯和我最初参加共产主义者秘密团体时的必要条件是：摒弃章程中一切助长迷信权威的东西。"①

---

① 《马克思恩格斯全集》第1版第34卷，第288—289页。

您认为男人的最好品德——刚强

流传到我们今天的对马克思青年时代的所有文字描述中，都用最富有表现力的线条来着重表现他的刚强性格。在燕妮信件的字里行间竖起的爱人形象，也是一个"杰出而刚强的人"，在这个人身上，魁梧的体魄和超群的才智那样和谐地融为一体：使你感到他俨然是位英明统帅，在指挥他那"勇敢而威严的"，"思想上的百万精兵"冲锋陷阵。一个大学时代的同学这样描写"这位浪漫主义天才"的容貌："他前额很高，浓黑的眉毛下闪烁着炯炯有神的目光，还有一个轮廓分明，略带刚硬的口形。这种面貌证明了一种强烈地表现出来的严肃、坚定而果敢的性格。"

22岁的恩格斯用下列诗行表达了他对马克思的最初印象：

> 是面色黝黑的特里尔之子，一个血气方刚的怪人。
> 他不是在走，而是在跑，他是在风驰电掣地飞奔。
> 他满腔愤怒地举起双臂，
> 仿佛要把广阔的天幕扯到地上。
> 不知疲倦的力士紧握双拳，
> 宛若凶神附身，不停地乱跑狂奔！①

---

① 《马克思恩格斯全集》第1版第41卷，第364页。

几年后，自由主义者安年柯夫应邀以来宾身份列席了在布鲁塞尔召开的共产主义者同盟会议。在会上他结识了马克思。他认为，马克思"是能力、意志和坚定信念的结晶"，这个人必将众望所归。"他行动不灵巧，但却豪迈自持，他待人接物完全不顾人间的烦琐礼节，而且有些骄傲，甚至有点轻视别人。他的声音非常洪亮，对人和对事物的判断，斩钉截铁，异常坚决……"①

　　保尔·拉法格是后来才认识马克思的。他向我们介绍他的岳父时这样说："马克思是一位体魄健壮的人。高于中等身材，肩膀宽阔，胸部十分发达，仪表匀称。"作为医生的拉法格证明："如果他在年轻时多做体操的话，他会成为非常强壮的人。"②众所周知，马克思放弃了他天赋的条件，选中了智力体操。马克思到壮年——50岁的时候，拉法格经过多年观察后指出："他经常做的唯一的运动是散步。他能够一连走几个钟头，甚至攀登小山，还不断谈话和吸烟，一点不感觉疲倦。我们可以这样说，他在书房里散步时就是在工作。他为了把漫步时所想到的东西写在纸上，才在书桌前稍坐一会儿。"③

　　但是，曾受30岁的年轻马克思考核过的威廉·李卜克内西回忆说："这位'红色博士'既爱好击剑，也爱好手枪射击。"在伦敦，他们常到牛津街的拉脱本广场上法国人为自己建造的"武器馆"里去练习击剑。看来，李卜克内西为补偿他在学术争论的"语言击剑"中因"倒霉"而遭到的失败，在这里想冒冒险。他强调指出，马克思在击剑方面取得的成就，主要不是靠技术，而是靠他的"极认真态度"。"他尽力以猛攻来弥补自己技术的不足。要是马克思碰上一个不够沉着的对手，有时候他就把对手击出场地之外。"④

---

①　拉法格：《回忆马克思恩格斯》，人民出版社1957年版，第310页。
②　同上书，第8页。
③　同上书，第8页。
④　同上书，第56页。

应该顺便提一下，马克思的真正品德是独具风采的……恩格斯、马克思的女儿和亲密的人都亲昵地称他"摩尔"——这个大学时代的绰号。这个绰号跟他本人很贴切，看来他从心眼里喜欢。有一次恩格斯曾解释说："假使我对他用另一种称呼，他就会以为我们之间发生了什么需要和解的事情了。"① 马克思在一生中，有过对这个绰号的赞美时刻。

那是在他暮年到阿尔及尔治病时发生的事。他不得不在那魔镜上欣赏一下自己浪漫主义的影像。……有一天，早晨散步后，他被黑人在花园里演出的喧闹声吸引到游廊去了。他意外地看到，在手舞足蹈的黑人身后露出一个引人注目的人物。这个人带着严肃的表情和高傲的微笑说：

"这是摩尔人……在阿尔及利亚，有一小部分阿拉伯人——就是离开沙漠和自己的住所，到城里和欧洲人住在一起的那一部分阿拉伯人，叫做摩尔人。他们的个头比中等身材的法国人高，长长的脸儿，鹰钩鼻子，眼睛大而有神，头发和下颏须黝黑，皮肤有各种色调——由近乎白色直到古铜色。他们的装束——哪怕是穷人，也都很考究和别致……甚至一个最穷的摩尔人在讲究披斗篷和用自然、别致、充满风趣的目光看人方面，也能超过欧洲最伟大的演员……"

刚强！马克思赞赏这种品德。他本人具备这种品德。他一生的成就多半也应归功于这种品德。只有身躯强健的人，才能忍受这任何人都难以忍受的重荷——半个世纪来苦役般的工作和饥寒交迫、穷困潦倒的生活。就是在他"处于困境"，各种疾病从四面八方向他袭来、妄想把他包围起来的时刻，他仍然以一种超人的奇异的力量打退它们的进攻，摆脱了悲惨的被俘的命运。他渴望"重新成为强者，结束这种弱者的令人讨厌的处境"。他担心："工人们看到我无所事事该有什么想法呢？"于是，马克思重新拿起笔，像一名勇士拿起他那神奇的宝剑一样，给被

---

① 《马克思恩格斯全集》第 1 版第 35 卷，第 464 页。

压迫和无依无靠的穷人开辟通向幸福的道路。

当新的继承人——第三代人来接班的时候,马克思正为补充了"刚强的一半"而感到高兴。他向大女儿庆贺生了一个儿子马赛尔时,面带善意的微笑指出:

"我们家的'女性那一半'都希望,'新来的人'增加人类'最美好的一半',而我却宁愿在历史上的这一转折关头出生的孩子们是'男'性。他们面临着人类未曾经历过的最革命的时期。糟糕的是现在人'老'了,只能预见,不能亲眼看见。"①

让我们再来看看他的《家庭纪念册》,翻阅一下其他人的自白,那就会发现一个很有趣的现象:马克思家中大部分人都回答了这个调查"优秀的一半"的问题,而且,这些答案在某种程度上都印证了马克思本人的品德,因为他在家里一向是有权威的。

请看他们对"男人最高尚的品德是什么?"这一问题的答案吧:

20岁的燕妮的答案是:**道义上的力量**;

19岁的劳拉的答案是:**正义感**;

9岁的爱琳娜的答案是:**勇敢**;

她们的母亲——40多岁的燕妮的答案是:**坚强**。

是的,对马克思的亲戚、朋友及最亲密的战友、革命老兵和国际无产阶级同盟全体盟员来说,再没有比马克思本人所具有的坚如磐石的精神力量更可信赖的了,再没有比他学说的威望更能成为他们生命的坚强支柱的了。

当你最亲近的人,一旦被绝望的困苦、凄惨的生活、造谣者的琐事纠缠和敌人的可耻诬陷折磨得耗尽全部精力,马克思将会永远忠实地同你在一起。

当任何一个不走运的相识者"惊恐地发现"她是"纵火犯头目的

---

① 《马克思恩格斯全集》第1版第35卷,第179页。

女儿"，而坚决同她断绝关系这种不幸，会使那柔弱的年轻心灵的敏感的琴弦遭到意外打击时，马克思对她表现得总是那样体谅和温存……

当革命失败后从街垒里撤下来的战士需要帮助和支持时，他总是有求必应，做他们的坚强后盾。国际该怎样设法保护那些被敌人追捕的、无依无靠的巴黎公社社员，该怎样给予他们最实际的关照——这一切问题，马克思都时刻挂在心上。"他不仅要同统治阶级的政府进行斗争，而且，还要同肥胖的、白皮肤的40岁的女房东进行白刃战，"他大女儿说，"这些人往往逼迫某些没能付房租的公社社员……"

是的，马克思本人就是正义的化身：正义对他来说，不仅是一个品德，也是一个目标，一面旗帜。马克思和恩格斯青年时代参加"正义者同盟"①的宗旨是：联合真正的人民战士；驱散"神秘学说"、乌托邦制度和浪漫主义幻想的迷雾；通过自觉参加正在发生的革命变革的历史过程，给人类指出达到正义的真正途径。正义，对马克思来说，他的锋芒不仅是射向资产阶级头颅的"一颗威力巨大的炮弹"，而且也是他精神世界和个人荣誉的支柱。在关键时刻，面对检察长和密探，面对造谣者和告密者，面对分裂分子和叛徒，面对有意和无意制造混乱的人，面对所有自命为"革命的炼金术士们"，他毫不动摇地进行论战，捍卫真理和保卫光荣的事业。他那"揭露性论文"的愤怒篇章都是维护正义的庄严记录。马克思证明自己从事的是正义的事业。他坚决地相信："我们的党是以其纯洁而受尊敬的。"

是的，向整个资本主义专制独裁世界——黄金、监狱、刺刀和充斥着恐怖镇压手段的世界宣战，是要有特殊胆量的。人类发现马克思是一位伟大的科学的先驱者，是一个大无畏的革命勇士。记得在1848年3月1日那天夜里，他刚开完中央委员会回到家，布鲁塞尔的警察就闯进

---

① "正义者同盟"是侨民革命者的秘密组织。1836年在巴黎成立。在许多国家设有分部。马克思和恩格斯把"正义者同盟"加以彻底改组，于1847年创立了共产主义者同盟。

了他的住宅，进行搜查、威吓和侮辱，并把他——这位共产主义者同盟的主席押进监狱。面对警察的刺刀和监狱的铁窗，他从未动摇。不管是普鲁士国王的阴谋①，还是法国政府的霸道声明；不管是保皇党恐怖分子对他的报纸②——科隆的革命堡垒的冲击，还是以遭送他去英国的手段进行隐蔽的谋杀；不管是资产阶级文痞卑鄙的造谣中伤（好像在"揭发"马克思主义者伪造纸币一般），还是对最杰出的科学名著——《资本论》保持阴险的沉默……总之，他面对敌人制造的种种罪恶勾当从来没有退却过。他家的大门，对巴黎公社被追逐的社员，对爱尔兰芬尼亚社社员③，对诸如格尔曼·洛帕廷那样勇敢的俄国革命家，总是大胆而好客地敞开着。洛帕廷是《资本论》第一个俄译本的译者。他曾从西伯利亚流放中拯救过车尔尼雪夫斯基。同时代人都称赞他是一位时刻准备"Vultu instantis"（赴汤蹈火）的人。

马克思在着手从事具有真正历史意义的事业——解剖资本主义社会的时候，想起了伟大的佛罗伦萨派的代表但丁的话，并非是偶然的。

这里必须根绝一切犹豫，

这里任何怯懦都于事无济。

大无畏的精神给他打开了通向奥秘中最奥秘的大门。

是的，坚定，可以说这正是他刚强的性格在日常生活中最常见的表

---

① 即指"科隆共产党人案件"（1856 年 10 月 4 日—11 月 12 日）。普鲁士政府以伪造的证据，控告共产主义者同盟的 11 名成员"密谋叛国"，并将其中 7 名成员判处 3 至 6 年的要塞监禁。
② 指马克思和恩格斯在科隆创办的《新莱茵报》。
③ 1858 年，侨居美国的爱尔兰流亡者，秘密组织"爱尔兰革命兄弟会"。这个组织以爱尔兰古代居民芬尼（fene）来称呼自己的成员。后来，在爱尔兰本土也建立起这个组织。它的宗旨是争取爱尔兰独立，建立爱尔兰共和国。1867 年二三月间，芬尼亚社社员举行武装起义，遭到镇压，许多领导人被捕。

现。燕妮——他的最亲近的人，几乎同他并肩走过了一生的旅程。谁也没有像她那样亲身体验了每个不幸，承担了家庭生活难以忍受的重压。她与丈夫分担了每一个痛苦和每一个创伤。她直到生命的最后时刻，一直是钦佩马克思的刚强和坚定的。燕妮·马克思证明："他任何时候，甚至在最危险的时刻，对未来也没有失去过信心。"

您认为女人最值得珍重的品德——柔弱

说这句话的，不是一个一般的男人，是一个真正的勇士。作为勇士，他在这里没有说更多的话。然而一位女人却说：

"唉，卡尔，你对我多么不了解，你对我的处境多么不了解，你多么体会不到我的忧虑，我的心痛如刀割……你的美丽、感人而炽热的激情、你的娓娓动听的爱情词句、你的富有幻想力的动人心弦的作品——所有的一切，只能使我害怕，而且，往往使我感到绝望。我越是沉湎于幸福，那么，一旦你那火热的爱情消失了，你变得冷漠而矜持时，我的命运就越可怕……唉，卡尔，如果我能在你的爱情里得到宁静、慰藉，我的头便不会这么灼热，我的心便不会这么痛苦，这么悲哀……只要你朝我看一眼，我便会感到恐惧而不敢再说一句话，血液就会在血管里凝结，心怦怦直跳。"①

这些话，是特里尔第一美人——一位很有名望的普鲁士家族的贵族小姐流露的心声。她是一个具有良好教养的纯朴姑娘。她才华出众，能得到任何一个年轻小伙子的青睐。卡尔的父亲——老马克思知道这两颗热恋的心缔结的秘密。燕妮·冯·威斯特华伦的心灵美和天然容貌的俊秀简直使他十分称心如意。他在她身上发现了一种"非凡的东西"，他给这两个年轻人指出了达到人类长久幸福的途径，并以父亲的身份告诫

---

① 《马克思恩格斯全集》第1版第40卷，第891—894页。

儿子：要珍惜她这纯洁的爱情和她的自我牺牲的勇气。"没有一个王公贵人能从你手中把她夺走。"你应该"用男人所有的坚定和自信精神，来对待一个在你面前无以自卫的可怜孩子，使她永不动摇，永不后悔，而且能安详地、充满信心地和坚定地展望未来"。他告诫儿子，对这颗值得信赖的心要承担责任，把幸福给予这个亲人应看成是自己的义务。

"每当你和我告别时，"这位少女在另一封信中继续表露自己的真情，"我多么想把你叫回来，以便再次告诉你，我多么爱你，我如何全身心地爱着你。可是，最后一次你是以胜利者的姿态走的。……我真不知道，在我心灵的深处你是多么珍贵。如果你此刻能在这里，我亲爱的小卡尔……"①

这种专一的爱情，这种对勇士刚强性格的倾慕，当然，在那时可以解释为青春的闪光和初次掀起的感情波浪。然而，几乎经过20个年头，生了六个孩子，埋葬了两个儿子和一个女儿，给心灵留下无法愈合的创伤，同时忍受家境清贫的悲惨重压，饱尝种种不幸、疾病和痛苦的折磨——纵然经历了这一切灾难，瞧，她流露的感情依然是那样强烈，那样令人激动。

"但愿您别久留摩尔，"燕妮从伦敦给在柏林接待马克思的主人②写信说："我情愿把一切珍贵的东西都让给你，但是却不能让出摩尔。在这一点上我是个贪婪的自私者和嫉妒者。这里不存在任何人情，而起作用的是狭隘的、纯粹的和彻底的利己主义……"马克思很快回到伦敦后，她写道：

"上星期一摩尔突然不期而归。大家都高兴极了。直到深夜，我们还在聊天、说东道西、回忆往事、开心逗乐、嘻嘻哈哈、开玩笑和相互接吻。我能摆脱开我临时执掌的政权，而重新成为一个普通老百姓，感

---

① 《马克思恩格斯全集》第1版第40卷，第903页。
② 指拉萨尔。

到特别愉快……"①

在燕妮青年时代写的信件中充满着信赖与服从、忠诚与渴望的和声旋律。

无论在什么地方"我都陪伴着你,时而在前,时而在后地追随着你。但愿我能为你扫清和铺平道路,清除你路上的一切障碍!唉,可是,我们眼下还未能抓住命运的轮子。自从夏娃陷入罪恶、犯了过失以来,我们便注定是被动的。我们的命运就是等待、期望、忍耐和受难"②。

旧世界的冷酷法律,各民族世世代代遗留下来的清规戒律,造成红颜薄命,把女人紧紧地束缚在厨房或沙龙里。燕妮说得对,到处都有有才华和有思想的妇女,"当代妇女对一切东西都极易接受,非常善于作自我牺牲。"③ 可惜,她们被社会关系、清规戒律和固有偏见的亘古冰雪封冻起来。为了表达自己的理想,她们只好去找男人——"她们等待男人去解放她们"。假如改变条件,像燕妮这样精力充沛、性格刚强、富于强烈正义感、具有批判能力的女人,无疑能像当代最杰出的妇女一样,独立自主地走过战斗的里程,得到社会上更广泛的承认。可惜,她"命中注定无法驾驭命运的车轮"。她的心让她作出罕见的、最幸福和最适当的选择:成为天才的同路人,用沉积起来的全部能量,勇敢地扭转命运的车轮。

这些久已盼望的热情信件,25 岁的哲学博士、被资产阶级刊物以嫉妒和惶恐心情夸大为"凶恶的刀笔奇才"的马克思,是在科隆收到的。于是,他在这里给《莱茵报》撰写最后一些稿件,准备辞去主编的职务。他打算邀请一些著名的社会主义者,筹备出版一种内容翔实的国际性杂志。这时,他那颗猛烈跳动的心终日期望着使爱情的"七年

---

① 摘自燕妮写给斐·拉萨尔的信。
② 《马克思恩格斯全集》第 1 版第 40 卷,第 904 页。
③ 摘自燕妮写给马克思的信。

战争"① 取得最后胜利的日子早日到来。再过不到一百天时间，约翰娜·贝尔塔·龙莉娅·燕妮·冯·威斯特华伦（家住克罗茨纳赫，无固定职业）和哲学博士卡尔·亨利希·马克思（居住在科隆）的婚礼，在克罗茨纳赫证婚人在场的情况下，在冯·威斯特华伦遗孀的私邸举行。于是，这一对幸福的情侣便沿着莱茵河去作蜜月旅行。

一年后，马克思在巴黎虽然诸事缠身、日理万机，仍然挤出一些时间愉快地欣赏来自特里尔信件的优美旋律：

"你瞧，我亲爱的，我不想依法律来讼诉你，也不要求以眼还眼、以牙还牙、以信还信。我该多么宽容和有度量。我只希望我每写两封信能得到你一次令人满意的答复：看到你写的两三行字或三言两语，使我了解你的身体是否健康，你的心上是否还想念我，就行了。而且，我非常希望你心中不要只想到我一个人……唉，卡尔，尽快告诉我：你在想些什么。尽快使我了解你的近况。在这里，我一直浸沉在极其温柔的母爱之中，我们的小家伙也受到人们的爱抚和关照。整个特里尔都在注视着我，眼巴巴地望着我，对我投以赞叹和爱慕的目光，纵然如此，我的心和我的整个身躯都向往着你。啊，若是我能，哪怕偶尔看上你一眼，请你帮我解答一些费解的难题，或者让我给你唱一支歌：《你知道吗，后天将会怎么样？》……我亲爱的，我时常为我们的未来担忧，既为不久的未来，也为遥远的未来担忧。我常想，我可能因为在这里表现得高傲和过于自信而遭到惩罚。假如可能的话，希望你帮助我解除忧愁……"

可马克思对未来一向是充满信心的！他正在坚定地敲击着整个人类未来的大门。在燕妮竭力想重新获得自己强大支柱的那些日日夜夜和分

---

① "七年战争"，原意是1756年到1763年间以奥地利、法国、瑞典、萨克森、俄国和西班牙为一方，以普鲁士、英国和葡萄牙为另一方，两方之间所进行的战争。这场战争先后进行七年之久，故称之谓"七年战争"。马克思在这里所指的是他由认识燕妮、秘密订婚约到双方父母同意结婚所经历的漫长的七年岁月。

分秒秒，在她想知道"后天究竟会怎么样"的时候，马克思已开始向德国的制度无情宣战，希望迫使这个早已僵化的国家重新苏醒过来，对现行的整个体制针锋相对地展开了批判。他认为最重要的任务在于：将理论上的批判同实践、政治和实际上的斗争融为一体。他得出的主要思想结论是：先进理论是指导群众进行斗争的精神武器，而群众则是改造社会的物质力量。他称这个新世界的开拓者为无产阶级，并对整个人类预言："只要思想的闪电能彻底震醒这尚在沉睡的人民土壤"，那么立刻就会掀起解放斗争的风暴。

马克思把他从对黑格尔法哲学进行大胆和彻底的批判中总结出来的这些极其重要的结论，介绍给路德维希·费尔巴哈——当代最杰出的哲学家之一，并告诉他，"正义者同盟"中的无产阶级共产党员是多么愿意听有关唯物主义的报告。同时他也承认，那份寓意很深的材料《一个德国女士来信的摘录》，是他马克思从妻子来信中摘录下来加以发表的。……甚至连燕妮自己也不知道，她已经参加了积极的斗争。

"你难道意想不到吗，我亲爱的，我接到你的信后感到多么愉快。你最近寄来的那封充满牧师口吻的信，噢，我心上的牧师和主教，使我这个可怜的驯从的羔羊得到了宽慰。当然，用无穷的忧虑来折磨自己，用一些虚拟的假想去展望渺茫的未来，委实是可笑的，也是不明智的。在这些艰难的时刻，我自己逐渐领悟到了这一点。不过，心比天高，命比纸薄啊……你最近寄来的几封信，给我们带来了一些实际的可以使人感受到的宽慰……再不陷入悲观失望之中了。……假如想使我的思想能重新提高到你的原则的水平，不知你要耗费多少口舌和消耗多少精力，因为在小小的德意志掌握情况，谈何容易呀。"

过了不久，这位"到处流浪的女公民"（这是燕妮给朋友写信时常用的署名）不仅彻底摆脱了"少妇那种孤陋寡闻"的处境，而且能随时掌握欧洲发生的最重要的事态，处于革命事件的中心。

事态在迅猛地发展。在25年过程中，她像遭遇了极其深刻的个人悲剧一样，经历了两次大革命的失败。1848年的"战斗洗礼"；巴黎街道上的巷战；丈夫遭到追踪、逮捕；警察对她家的袭击；以及审讯、牢房……接着又是巴黎公社的悲剧。孩子——马克思的下一代人处在法国弥漫着的战斗硝烟之中奄奄一息；侨居国外的公社社员又一次掀起斗争的巨浪，这些真是难以言状的困苦，走投无路的绝望！不，她虽然没有参加枪林弹雨的巷战，但革命——这也是她的产儿。在摇篮里，她抚育过它；在战斗后，她给它包扎过伤口。回顾自己生活过的半个世纪，燕妮说："对我们女人来说，在所有这些战斗中都承受过重担，纵然没有作出什么了不起的贡献。"

燕妮一生中都以坚定的信念和学生的激情钦佩马克思理智的创造力量。但是，她从来没有以不实际的妄自菲薄而放弃参与伟大思想工作的机会。相反，除承担全部家务重担外，她不断地提高自己的认识水平。从天真的浪漫主义，透过黑格尔哲学范畴的体系，横穿青年黑格尔派的密林，走向彻底的马克思主义。燕妮无疑是马克思最勤奋和最忠实的学生，她坚信马克思的事业必将最终取得胜利。

知识渊博、谙熟情况和政治立场坚定的燕妮·马克思，在担任无产阶级导师、国际领袖的私人秘书——这个默默无闻的工作的同时，还以惊人的学识和才干向自己的战友提出了一些宝贵的忠告。她自己认为，"坐在马克思那狭小的办公室里，誊抄他写得字迹不清的文稿的那些日子，是我一生中最幸福的日子。"等她女儿长大了，能够代替她从事这项繁重的工作后，她带着善意的惆怅诙谐地说："我想，我的女儿们很快就让我退休了，那时，我就被列入'可以享受养老金人的名单'，可惜'我并没有因为长年做秘书工作而拿到养老金的前景'。"马克思和恩格斯非常重视和珍惜她对政治斗争各项重大问题所发表的见解。正如保尔·拉法格所证实的，马克思发表他的每份手稿之前，都请燕妮先过目。

她幽默地称自己是"老游击队员"，"为了党的事业"随时准备

"行军作战"。在维护党的荣誉方面，她表现得一丝不苟，从来没有"三心二意"或"敷衍搪塞"。她对贵族那套阿谀奉承是疾恶如仇的。家里有个朋友曾奉承她，说"仁慈的夫人"，她便"兴师问罪"说："您凭什么用'仁慈的夫人'这种字眼来称呼一个老兵？称呼一个两鬓斑白的运动参加者？称呼一个诚实的战友和同志？"恩格斯说得非常正确：她把整个身心都献给了无产阶级革命运动。

……是啊，马克思认为女人的品德是"柔弱"，而燕妮仿佛在补充他的答案似的，说女人的突出特点是"热忱"①。从上述材料中可以十分清晰地看出，如果把一个典型的女人设想成多愁善感和依附他人的形象，是极端不公正的。诚然，若拿这个品格来衡量燕妮本人，那更是荒谬的讽刺。因为燕妮有严整的性格，不讲任何价钱和条件，十分刚强。可以毫不夸张地说：积她几十年的奋斗经历，有充分的理由认为，在命运处于种种戏剧性的转折关头，她从来"没有轻易丧失自己的勇气"。

在婚后的第 24 个夏天，燕妮带着她的女儿返回家乡，探望患病的母亲。一个月后，她接到始终热爱她的卡尔寄给她的一封热情洋溢的抒情诗般的信。当时，家里只剩卡尔一个人伴着她的照片。他在探求着"神秘主义"的奥秘："为什么'阴郁的圣母'，能有狂热的崇拜者，甚

---

① 燕妮的"自白"全文，引述如下：
您最珍重的品德：　　　　　　　您喜欢做的事：缝纫。
　　一般人：真诚。　　　　　　　您喜欢的诗人：歌德。
　　男　人：坚定。　　　　　　　您喜欢的散文家：马丁·路德。
　　女　人：热忱。　　　　　　　您喜爱的英雄：科利奥兰纳斯。
您的特点：高度敏感。　　　　　您喜爱的女英雄：弗洛伦斯·南丁格尔。
您对幸福的理解：健康。　　　　您喜爱的花：玫瑰。
您对不幸的理解：依附别人。　　您喜爱的颜色：蓝色。
您最能原谅的缺点：犹豫不决。　您喜爱的格言："什么都不在乎"。
您厌恶的缺点：忘恩负义。　　　您的座右铭："永不绝望"。
您讨厌的东西：债务。

至比一些优美的像有更多的崇拜者。"①

"……我把阳光晒坏的地方还原了,并且发现,我的眼睛虽然为灯光和烟草烟所损坏,但仍能不仅在梦中,甚至不在梦中也在描绘形象。你好象真的在我的面前,我衷心珍爱你,自顶至踵地吻你,跪倒在你的跟前,叹息着说:'我爱您,夫人'!② 事实上,我对你的爱情胜过威尼斯的摩尔人③的爱情……"④

"暂时的别离是有益的,因为经常的接触会显得单调,从而使事物间的差别消失。甚至宝塔在近处也显得不那么高,而日常生活琐事若接触密了就会过度地胀大。热情也是如此……深挚的热情由于它的对象的亲近会表现为日常的习惯,而在别离的魔术般的影响下会壮大起来并重新具有它固有的力量。我的爱情就是如此。只要我们一为空间所分隔,我就立即明白,时间之于我的爱情正如阳光雨露之于植物——使其滋长。我对你的爱情,只要你远离我身边,就会显出它的本来面目,像巨人一样的面目。在这爱情上集中了我的所有精力和全部感情。我又一次感到自己是一个真正的人……"⑤

"诚然,世间有许多女人,而且有些非常美丽。但是哪里还能找到一副容颜,它的每一个线条,甚至每一处皱纹,能引起我的生命中的最强烈而美好的回忆?甚至我的无限的悲痛,我的无可挽回的损失⑥,我都能从你的可爱的容颜中看出,而当我遍吻你那亲爱的面庞的时候,我也就能克制这种悲痛。'在她的拥抱中埋葬,因她的亲吻而复活',这正是你的拥抱和亲吻。我既不需要婆罗门和毕达哥拉斯的转生学说,也

---

① 《马克思恩格斯全集》第1版第29卷,第512页。
② 海涅的组诗《归乡集》中的一首。
③ 指莎士比亚的悲剧《奥赛罗》中的主人公奥赛罗。奥赛罗是摩尔人。
④ 《马克思恩格斯全集》第1版第29卷,第512—515页。
⑤ 同上书,第515页。
⑥ 指马克思的儿子埃德加的死亡。

不需要基督教的复活学说。"①

现在看来，我们才彻底了解马克思这个并非意外回答的真意。他认为女人的品德是这样一种心理活动，它同男人在精神上的"刚强"结合起来，才能构成一首合奏曲和高亢的和声。

---

① 《马克思恩格斯全集》第1版第29卷，第516页。

您的特点——目标始终如一

在这里,很难设想马克思会有另外一种回答。一切都是如此明确,一切都是如此自然。这些犹如铸造出来的字句,铿锵得使人感到落地有声。这个人似乎一生下来,从他第一次表示意志的瞬间开始,就确定了他的严整的性格。

我们想到这个特里尔中学的17岁毕业生写的《青年在选择职业时的思考》,这是一篇有鼓舞力的作文,颇有见地。虽然中学的校长还觉得,在这个激进思想的河流中,有些地方"尚未达到应有的明确性",但已经非常清楚地看出这个青年自觉造福社会的志向。难道不正是从这里——从这些"为人类工作"的考虑中,使我们了解到马克思最早的美好志向吗?当然,这还只是一个青年人的理想,尚未通过实践活动来兑现。

这个18岁的青年乘坐邮车,沿着秋天的道路,几乎横穿整个国土到柏林去求学,他想学什么,掌握何种才能?他豪情满怀地渴望着艺术上能有高超的造诣。然而他的目光是"冷若冰霜与漫不经心"的。他所观察到的座座山岩,对他来说似乎都不如他的感情那样更坚强;他所见到的座座城镇,都不如他的热血那样更沸腾;饭店里的美味佳肴都不如他幻想得那样丰盛和便捷……他一心想上升到自己的天空,攀登上自己的艺术高峰,可惜,这一切突然变得格格不入,有如隔世之感。一年后,他自己承认,并向他亲爱的慈父承认:看来诗歌只能是一种"附带的事"。

这位未来的天才人物马克思在选择生活道路的时刻与父亲的谈心和开诚布公地交换思想认识，是颇有教益的。他们在来往信件中的对话都是令人感动而有裨益的。

　　"纯粹是从脑子里虚构出来的；现实和理想之间的完全对立，修辞上的掛酌代替了诗的意境。或许有些热情和对大胆飞翔的追求……这就是我在第一批三本诗集中所反映出来的特点。诗歌只能是也只应该是一种附带的事。"年轻的马克思就这样判决了自己诗歌的缪斯。

　　"既然诗歌不能美化生活，又不能使生活幸福，那你就放弃它吧！"

　　"到学期终了，我又转向缪斯的舞蹈和萨梯里①的音乐。在我寄给你们的最后一册笔记中，理想主义渗透了那勉强写出来的幽默小说（《斯科尔皮昂和弗利克斯》），还渗透了那不成功的幻想剧本（《乌兰内姆》），直到最后它完全变了样，变成一种大部分没有鼓舞人心的对象、没有令人振奋的奔放思路的纯粹艺术形式。"②

　　"你已经在写剧本，这当然是很正当的事……而且干起来也容易出名，但是这自然有失败的危险……怎样做才算最明智的呢？要尽量做到在这一大的尝试之前先来一次冒险性较少的小尝试，但这一尝试仍然是相当重要的，为的是一旦成功，即可获得相当大的名声……我对这样的题材考虑再三，觉得以下的想法是合适的。题材应当取自普鲁士历史的一个时期——并且不要像长篇史诗所要求的那样取很长的时期，而是取一个较短但却对国家命运具有决定意义的时期……在贝拉利昂斯－滑铁卢近郊的伟大战役③就是这样的时机……有这样一篇爱国主义的、热情

---

① 萨梯里亦译羊人，是希腊神话中长有公山羊耳朵、母山羊尾巴和脚的半人半兽的山林、酒神狄奥尼斯的侍从。希腊悲剧便是从扮成羊人的合唱队所唱的赞美酒神的歌中演变出来的。此处所说的献身于"缪斯的舞蹈和萨梯里的音乐"，指埋头于诗歌写作而言。
② 《马克思恩格斯全集》第1版第40卷，第14页。
③ 滑铁卢在比利时布鲁塞尔以南。1815年6月18日，法国拿破仑军队与英普联军在这里进行了一次大战。拿破仑军队被击败。随后，拿破仑被流放到圣海伦岛

洋溢的和渗透德意志精神的颂诗，就足以使一个人博得声誉。"①

可惜，这个严谨的青年剧作家是绝不会甘心情愿去歌颂"君主天才"作用的。"违心地创造一个他憎恶的偶像"——这种懊丧情绪在折磨着他。他写着充满火热激情的诗歌，撰写小说和其他作品。为了搞文艺评论，抨击缪斯，他认真地浏览文艺史，刻苦钻研莱辛②的作品。

"该向你提出什么劝告呢？……戏剧评论要耗费大量时间，要求极其谨慎。如果就艺术而言，那么，这种活动可能是我们时代最有贡献的活动之一。从荣誉的观点看，它可以使你荣膺学者证书。人们将怎样对待它呢？我想敌视会多于欢迎。据我所知，优秀学者莱辛所走过的道路并不都是铺满玫瑰花的。他一生始终是个穷困的图书馆员……你为什么只字不提财政学呢？"③

"亲爱的父亲，至于财政经济学，那我要告诉你，不久前我认识了一位法官，名叫施米特亨艾尔。他劝我念完三年级后担任法官工作；这项工作在向我微笑。况且，我实际上也觉得搞法官工作比其它行政科学都好……如果今后我能成为法官，获得博士学位，那么将能开辟获得编外教授职位的广阔前景。"④

"如果你的生活计划能与父母的愿望和谐地结合在一起，那么，这将给我的生活带来最大的欢乐，因为这种欢乐已随着年华流逝而大大地减少了。"⑤

年轻的马克思采取科学的独创方法研究法学——"试图在法的整个领域内创立一种法哲学体系"，但其结果有些使他失望：制订的提纲过于呆板，以至"用最粗暴的方式"歪曲了它的概念，内容也没有取得新的进展。已经"清清楚楚"："离开哲学……是寸步难行的"。

---

① 《马克思恩格斯全集》第1版第40卷，第860—861页。
② 莱辛（1729—1781），德国伟大的作家、批评家。
③ 《马克思恩格斯全集》第1版第40卷，第870—871页。
④ 同上书，第17页。
⑤ 同上书，第867页。

"在患病期间，我从头到尾读了黑格尔的著作，也读了他大部分弟子的著作。由于在施特拉劳常和朋友们见面，我接触到一个'博士俱乐部'，其中有几位讲师，还有我的一位最亲密的柏林朋友鲁滕堡博士。这里在争论中反映出了很多相互对立的观点，而我同我想避开的现代世界哲学的联系却越来越紧密了……"①

"亲爱的卡尔，你是知道我的：我并不顽固，也不抱成见。……但是，你所选的专业是否最适合你的才能，这个问题，为了你的缘故，我当然会操心。起先，大家是按常规考虑问题的。但是，看来这样的生涯你并不喜欢。我承认，我为你早熟的观点所倾倒，所以，当你把教职选作自己的目标时，我表示了赞许，不论你选的是法学还是哲学，经过最后考虑，我觉得后者更合适。这条生活道路上的困难，我十分清楚……最有效地利用这种才能——这可就是你自己的事了……"②

可惜，父子间的对话后来僵持起来，音调无法和谐。儿子的成熟理智在自己的探求中越明确，越是超脱日常生活、捍卫长远目标，父亲就越不可理解，也越难以接受。热爱双亲的赤子之心和那善良的智慧，使他在一心怕儿子闯乱子的无法容忍的双亲面前有礼貌地保持沉默。儿子在父亲训斥面前是低头的。在这里只有上帝才是正确的！他横遭莫须有的训斥，说什么"杂乱无章地涉猎各门学问"啊；什么"在灯油的昏暗灯光下胡思乱想"呀；什么"蓬头散发地在那里撒野"呀；什么"穿着学者的睡衣"呀；什么"词句空洞，言之无物"呀；什么"白日说胡话"，"白白浪费才华"呀；等等，不一而足，还用教训的口吻说："做一个平庸的普通人能畅通无阻地前进，有时还会比较顺利，或至少无须费力便可达到目的。"

亨利希·马克思在儿子刚满20岁的那个春天，就过早地离开了人世，没有能够怀着自豪和充满期望的心情像当初审读儿子的诗集那样来

---

① 《马克思恩格斯全集》第1版第40卷，第16页。
② 同上书，第868—869页。

审读儿子的哲学《笔记》。从这时起，马克思就开始显示出了他的特点。后来的同时代人根据这些特点承认他是一个真正的哲学家。当我们跟随作者沿着他那七本《笔记》中无限引人注目的篇章漫游的时候，我们便可证实塞涅卡的一句话："他和苏格拉底争论；对卡内亚德产生了怀疑；对伊壁鸠鲁的安息感到高兴；以坚韧不拔的精神征服了人类自然界；结束了犬儒主义的闹剧，并以独特的自然法则，和他同时代人一样，合着世纪的脉搏前进。"[①] 在这方面还应补充一句，马克思的"怀疑和否定一切的精神"，他的"临危不惧"的情绪，他对圣人的所谓"理想方式"的认识，他对切合实际的哲学思想重要作用的理解，将使你到处可见。

一年半之后，马克思将论伊壁鸠鲁、斯多葛派和怀疑论者思想体系的博士论文提交耶拿大学的学者法庭，立刻获取了哲学博士学位。两年后，他通过对黑格尔法哲学的分析批判，清醒地批判了这位被他征服的"科学皇后"所持的宗旨："革命始于哲学家的头脑之中"[②]。又经过一年后，他在自己的记录本上草拟了批判费尔巴哈的著名的第十一个提纲："过去哲学家只用不同方式解释世界，而问题在于改变世界。"[③]

不难断定，这位思想家到古代雅典花园里进行哲学性的"散步"时，在迈向既定的主要目标过程中走了一些弯路，使人并不感到意外。根据列宁的精辟见解，不掌握黑格尔的"逻辑学"，要想深入理解《资本论》，倒是不可思议的。对年轻的马克思来说也是如此，若是不了解古希腊和古罗马的哲学家，不认真研究前辈的全部哲学史，便无法弄清黑格尔的哲学。

马克思自从加入"博士俱乐部"，从在科学事业领域里起步伊始，就获得了学识渊博和思想开阔的思想家的声誉。著名的青年黑格尔分子

---

① 《马克思恩格斯全集》第1版第1卷，第10页。
② 同上。
③ 同上书，第61页。

之一莫泽斯·赫斯，在等待马克思到波恩大学任教时，他向自己的朋友、一个年轻学者介绍说：

"你应该准备去结识一位最伟大的哲学家，也许是当今活着的唯一真正的哲学家。这位哲学家即将在报刊上和讲坛上显露头角，并且必然很快就会把整个德国的目光吸引到自己身上。……马克思博士——他可以说是我崇拜的偶像——还是个十分年轻的人（至多不过24岁左右）。他将给中世纪的宗教和政治以致命的打击。他既有深思熟虑、冷静、严肃的态度，又有最敏锐的机智。设想一下，如果把卢梭、伏尔泰、霍尔巴赫、莱辛、海涅和黑格尔结合为一人——我说的是结合，不是凑合——那么结果就是一个马克思博士。"①

在如此称赞的美妙"结合"中，从来没有像马克思这样学识渊博而全面的人。这种渊博的学识使"目标始终如一"具有深刻的内容，似乎使人一眼就能看清这句话的含义。当他接受了人类思想界在认识大自然和社会当中所取得的一切真知，并且根据无产阶级运动的经验批判地加以取舍之后，他才提出了一个新的世界观。他高举斗争的旗帜，创立了斗争的科学，团结了斗争的力量。他制订了《共产党宣言》，撰写了《资本论》，建立了国际，从而便有可能提出一个伟大的目标。

……恩格斯从巴黎写信通知马克思说，因手头太紧，不能取道布鲁塞尔来同马克思一道去伦敦参加代表大会了，只好在中途指定一个碰头地点。后来查明："就这样，星期六晚上，在奥斯坦德车站对面的喷水池旁的'王冠'旅馆里见面了。星期天早晨渡过拉芒什海峡……我们有充分时间来探讨所有问题。这次代表大会是一次有决定意义的大会……"那是在1847年的秋末时节。

于是，经过一年，不，经过多年艰苦努力工作后，使志同道合者结成了同盟。一年前，松散的正义者同盟赞同重新筹建，准备接受由年岁

---

① 引自1811年9月2日莫泽斯·赫斯致倍尔托特·奥艾尔巴赫的信。

您的特点——目标始终如一

加起来刚刚超过50岁的两位年轻学者所阐述的科学共产主义的基本原理。在第一次成立大会上恩格斯只是一个人去的，如今是两个人一同去，而要解决的是极其重要的纲领问题。

简直无法设想，在社会主义这块土地上生长出多少杂草——那些打扮成摩登社会主义的家伙，他们发烧的头脑里产生了多少意想不到的混乱：贵族老爷把无产阶级的讨饭袋当做旗帜在手里摇晃；新钻出来的牧师像洒圣水似的，喷洒着痛恨剥削者的基督教社会主义的圣水；喃喃抱怨的怯懦的小资产阶级除了行会习气和宗法陈腐作风以外，别的任何理想都看不到；德国的半瓶子哲学家们，用各种各样的甜言蜜语编织着骗人的迷网，满含着激动的热泪，在神秘的外表上又包上一层厚厚的"永恒的真理"；此外，还有形形色色的资产阶级慈善家和无足轻重的革新家。勇于自我牺牲的理想勇士们在构筑自己的伊卡利亚式的空中楼阁，不得不祈求资产阶级大发善心和慷慨解囊……对待这一切，不但要针锋相对，更要有明确的一致的共产主义科学的立场。

恩格斯早在巴黎便着手草拟一个新的文件。不过他对传统的形式非常不满意。团体催促他写成教义问答形式——"真是活见鬼！把所有社会主义者都写进教义问答里去。"恩格斯在奥斯坦德与马克思会见时，就请马克思把《信条》考虑一下。在这里，他说了一句非常重要的话："我想，我们最好是抛弃那种教义问答形式，把这个东西叫做'共产党宣言'，因为其中必须或多或少地叙述历史，所以现有的形式是完全不合适的。"①

代表大会拖延了十天——两种极端对立的见解和态度激烈争论了十天。参加代表大会的虽然只是代表，但是聚精会神注视大会进程的，却是整个五百人的同盟和广大工人队伍。"我们都知道讨论一些什么问题，"当时还是一个非常年轻的工人师傅的弗里德里希·列斯纳回忆

---

① 1847年11月23—24日恩格斯致马克思的信。《马克思恩格斯全集》第1版第27卷，第123页。

说：“我们非常关切和期待着讨论的结果。不久我们就获悉，代表大会经过长时间的辩论之后，一致赞同马克思和恩格斯所叙述的原理，并委托他们按照这些原理起草一篇宣言。”

这份拥有 20—30 页的经典文献，每个字都经过认真推敲、仔细斟酌。根据仅存的一张手稿便可判断出作者的态度是何等的认真严肃——博览世界群书，从中吸取一切精华。在这方面，正如后来列宁所指出的：他言简意赅地阐述了崭新的世界观，包括社会生活在内的彻底的唯物主义，作为最全面而深刻论述发展学说的辩证法、阶级斗争的理论和共产主义的创造者——无产阶级所承担的举世闻名的历史使命。

工人阶级第一次以洪钟般的声音宣布它在决定人类命运中的革命使命：一定要推翻剥削制度，建立真正人道的新社会——没有阶级的社会。在这份纲领性的文献中明确了实现这个使命的步骤和办法。当时，在《宣言》中虽然还没有提出犹如刺刀那样锋利的马克思主义的革命公式——"无产阶级专政"，但是他已用明确而清晰的概念表达了这个深刻的词意。四年后，在总结欧洲历次革命的经验时，马克思将他的这一重要发现定型为：

"无论是发现现代社会中有阶级存在或发现各阶级间的斗争，都不是我的功劳。在我以前很久，资产阶级的历史编纂学家就已经叙述过这种阶级斗争的历史发展，资产阶级的经济学家也已经对各个阶级作过经济上的分析。我所加上的新内容就是证明了下列几点：（1）**阶级的存在仅仅同生产发展的一定历史阶段相联系**；（2）阶级斗争必将导致**无产阶级专政**；（3）这个专政不过是达到消灭**一切阶级**和进入**无阶级社会**的过渡。"①

共产党人同一般无产者的关系是怎样的呢？《宣言》的作者是从这个问题开始阐述无产阶级政党作为工人阶级领导者和组织者这一学说的

---

① 《马克思恩格斯选集》第 4 卷，人民出版社 1995 年版，第 547 页。

最重要原理的。作者认为共产党员在这方面的作用是:"在实践方面,共产党人是各国工人政党中最坚决的、始终起推动作用的部分;在理论方面,他们胜过其余无产阶级群众的地方在于他们了解无产阶级运动的条件、进程和一般结果。"① 作者认为,作为共产党员有义务逐渐提高工人阶级的"理论水平"。他们不断提高无产阶级觉悟,阐明自己对所有制、社会变革、道德原则等的态度,指出斗争的目的。

弗里德里希·恩格斯几乎在半个世纪后,仿佛在一次总结无产阶级政党的活动经验时强调指出:"从1848年以来,使社会主义者取得最伟大胜利的策略,就是《共产党宣言》的策略。"

《宣言》的作者在制定党的具体政策时是十分重视策略原则的。他们认为,使无产阶级的当前斗争目标巧妙地服从于终极目标,是非常重要的。没有一个万能的药方和千篇一律的原则,应该根据具体的历史条件不断制定行动路线。既要依靠同各种进步党派和革命队伍结成的联盟,同时也要对自己盟友的空想和迷惑的思想保持警惕。

这份纲领性文献的每段的第一行无疑都是有关国际共产主义运动性质和无产阶级国际主义原理的。整个《宣言》似乎可归结为一个伟大的号召:"全世界无产者,联合起来!"数十年来,人类曾不止一次地看到,人道主义力量在这个凝结着全世界工人阶级共同目的和利益的战斗的革命号召下所进行的坚决行动,并理所当然地给予高度的评价。

"实践胜过一切理论。"科学共产主义的伟大奠基人曾不止一次地这样说过。他只想用这样一句毋庸反驳的回答的箴言更突出地强调他对社会斗争的实践过程、对工人运动的实践成果、对生动的历史实践所抱的强烈兴趣。但在这里丝毫没有推崇爬行的实用主义的意思,也丝毫没有以此为托词不给无产阶级指出科学的世界观,不给无产阶级指出未来世界体制的明确方案。不管那大量的迫不及待的充满着人类流血牺牲等

---

① 《马克思恩格斯选集》第1卷,人民出版社1995年版,第285页。

等情况的革命实际工作怎样吞噬他,他依然是一分钟也没有停止过对创建无产阶级斗争科学体系这一主题所进行的思考。

同时,不管他那尚未结束的手稿是怎样要求他激发灵感,是怎样想把他拖在办公桌旁,但马克思从不愿意把自己禁锢在书房里。他曾对自己和对每个走科学道路的人说过:"科学绝不是一种自私自利的享乐。"一个有学问的人,不应该整年整月地把自己关在书斋或实验室里,像一条藏在乳酪里的蛆虫一样,逃避生活,逃避社会斗争和政治斗争。如果不认真观察作为学者和战士这不可分割的马克思的形象,便无法了解马克思的一生,无法了解伟大目标的含义。因此,识破"哲学顽石"的谜底便是他的出发点。马克思自己这样追溯他开始探索道路的过程:

"为了解决使我苦恼的疑问,我写的第一部著作是对黑格尔法哲学的批判性的分析……我的研究得出这样一个结果……"

(请听听!请听听吧!)

"……法的关系正像国家的形式一样,既不能从它们本身来理解,也不能从所谓人类精神的一般发展来理解,相反,它们根源于物质的生活关系,这种物质的生活关系的总和,黑格尔按照十八世纪的英国人和法国人的先例,称之为'市民社会',面对市民社会的解剖应该到政治经济学中去寻求。"[①]

这正是马克思后来所有坚定行动的"主线"。他现在认识到,只有用政治经济学这把手术刀才能剖腹取出资本这个难产儿;只有彻底揭示社会发展的规律,才能给社会主义运动指出道路;只有在这种情况下,才能真正做到"为人类工作"。

马克思一如既往,在世界上揭示出崭新的科学领域之前,自己首先要彻底弄清问题。在40年代中期,他集中精力研究了经济学哲学问题,探讨了各种细节,拟定了未来完整学说的片断和草稿。虽然他撰写出版

[①] 《马克思恩格斯全集》第1版第13卷,第8页。

的《经济学—哲学手稿》总的来说是一部天才的著作，首创了新世界观的模式，但这位严谨的学者却给这部著作定名为《手稿》这样朴素的题目，像对待一个独特的苗圃一样，他每隔一天还要看它一次，使它在严峻的生活条件下成长。

"我们见解中有决定意义的论点，"马克思谈到自己和恩格斯时说，"在我的1847年出版的为反对蒲鲁东而写的著作《哲学的贫困》中第一次作了科学的、虽然只是论战性的表述。我用德文写的关于《雇佣劳动》一书，汇集了我在布鲁塞尔德意志工人协会上对这个问题的讲演，这本书的印刷由于二月革命和我因此被迫离开比利时而中断。1848年和1849年《新莱茵报》的出版以及随后发生的一些事变，打断了我的经济研究工作，到1850年我在伦敦才能重新进行这一工作。不列颠博物馆中堆积着政治经济学史的大量资料，伦敦对于考察资产阶级社会是一个方便的地点。最后，随着加利福尼亚和澳大利亚金矿的发现，资产阶级社会看来进入了新的发展阶段，这一切决定我再从头开始，批判地仔细钻研新的材料。这些研究一部分自然要涉及到似乎完全属于本题之外的学科，在这方面不得不多少费些时间。"①

最后这句话："不得不多少费些时间"说得似乎不够确切，实际上他花费了多年的时间。马克思从事经济学专题的研究断断续续花费了15年时间，而且还只是"为了自己弄清问题"——只是揭开了《资本论》的序幕，只建造了一个供他发射"最厉害的炮弹"的发射场。在建造时，他表现出忘我勤奋和坚韧不拔的精神，克服一切艰难困苦，只有一件事使他感到无法容忍的痛苦——未能给亲人们提供最起码的可以忍受的生活条件。

婚后不久，普鲁士政府就给这位25岁的马克思安排了一个公职，但他拒绝了。按照弗兰茨·梅林的介绍，他在一生中，他从未损害荣

---

① 《马克思恩格斯选集》第2卷，人民出版社1995年版，第34页。

誉，躲进资本主义职业的海湾里去逃避生活中的暴风雨。当时欧洲最大的反动头目曾经打算猎取他的天才。

　　1867年4月末，恩格斯接到马克思从汉诺威寄给他的信。从信中得知一项机密："昨天俾斯麦派了他的一名爪牙瓦尔内博耳德的律师到我这儿来……他希望'利用我和我的大才为德国人民谋福利'。"① 当然，他们对"谋福利"三个字有他们自己的理解。恩格斯了解马克思在对待党的荣誉和科学工作者良心方面所抱的严肃而不妥协的态度，于是以即兴的口吻说："俾斯麦在想：只要我继续去敲马克思的门，我终究会交一次好运的，那时我们就共同来干一桩好买卖。"可笑的是，这里立刻触痛了马克思的心——由于他这笔'买卖'而感到懊伤，"我最渴望不过的事情，就是摆脱这个鬼商业，它占去了一切时间，使我的精神完全沮丧了。"在这种情况下，恩格斯自然脑子里老是在想一个问题：到收入用光时，一切该怎么办呢？——"那时候我们怎么办呢？"但是，也许事情总是会"安排妥当的"，也许会"发生革命"，"终止一切财政计划"……②

　　不管终极目标多么遥远，不管达到终极目标的路途多么艰难，马克思都想去克服它。"……我必须不惜任何代价走向自己的目标，不允许资产阶级社会把我变成制造金钱的机器……"③ 他当时自我解嘲地开心地说："我扛了半个世纪的长活，结果还是一个穷光蛋！"他将15年来的劳动成果《政治经济学的批判》一书的定稿消息通知恩格斯时说："倒霉的手稿写完了，但不能寄走，因为身边一分钱也没有，付不起邮资和保险金；而保险又是必要的，因为我没有手稿的副本。所以我又不得不请你在星期一以前寄点钱来……"马克思带着苦笑继续说："未必有人会在这样缺货币的情况下来写关于'货币'的文章！写这个问题

---

① 《马克思恩格斯全集》第1版第31卷，第294页。
② 同上书，第297—298页。
③ 《马克思恩格斯全集》第1版第29卷，第550—551页。

的大多作者都同自己的研究对象有最好的关系。"①

要知道，在他面前摆着的这份"倒霉手稿"，正是他刻苦探索和伟大发现的成果。马克思似乎在思考：回顾15年来他自己究竟弄清了什么问题？他的手伸向了笔，笔又接触到纸上……他仿佛在同未来书籍的读者谈话似的，用了几个坚定的线条就勾画出了自己研究的全部成果。人类在这个代替前言的天才论述中发现了革命代数的全部基本公式：

"我所得到的……总的结果，可以简要地表述如下：人们在自己生活的社会生产中发生一定的、必然的、不以他们的意志为转移的关系，即同他们的物质生产力的一定发展阶段相适合的生产关系。这些生产关系的总和构成社会的经济结构，即有法律的和政治的上层建筑竖立其上并有一定的社会意识形式与之相适应的现实基础。物质生活的生产方式制约着整个社会生活、政治生活和精神生活的过程。不是人们的意识决定人们的存在，相反，是人们的社会存在决定人们的意识。社会的物质生产力发展到一定阶段，便同它们一直在其中活动的现存生产关系或财产关系（这只是生产关系的法律用语）发生矛盾。于是，这些关系便由生产力的发展形式变成生产力的桎梏。那时社会革命的时代就到来了。随着经济基础的变更，全部庞大的上层建筑也或慢或快地发生变革。在考察这些变革时，必须时刻把下面两者区别开来：一种是生产的经济条件方面所发生的物质的、可以用自然科学的精确性指明的变革；一种是人们借以意识到这个冲突并力求把它克服的那些法律的、政治的、宗教的、艺术的或哲学的，简言之，意识形态的形式。我们判断一个人不能以他对自己的看法为根据，同样，我们判断这样一个变革时代也不能以它的意识为根据，相反，这个意识必须从物质生活的矛盾中，从社会生产力和生产关系之间的现存冲突中去解释……资产阶级的生产关系是社会生产过程的最后一个对抗形式，这里所说的对抗，不是指个

---

① 《马克思恩格斯全集》第1版第29卷，第370—371页。

人的对抗，而是指从个人的社会生活条件中生长出来的对抗；但是，在资产阶级社会的胎胞里发展的生产力，同时又创造着解决这种对抗的物质条件。因此，人类社会的史前时期就以这种社会形态而告终。"①

总结第一阶段，即"至少是弄清了主要问题"的经济研究成果后，马克思发现他已通过了走向目标的顶峰：在他面前已描画出《资本论》的轮廓。接着他又付出了多年的艰苦的、甚至令人疲惫不堪的劳动。他曾开玩笑地说：他在自己科研工作中采用了英国"工贼们"为剥削工人曾采用过的"换班制度"②……"我白天在博物馆里看书，每天夜里动笔写作。"

不过，通过这些幽默的谈笑有时也流露出一些真情：他在图书馆里确实弄得"两眼昏黑"，"头脑经常剧痛"，"胸部发闷"，"有时觉得实在难受"，不得不合上有趣的书，走出去晒太阳和呼吸新鲜空气。"摇摇晃晃走回家去"，"我的状况是这样，"他向恩格斯承认说，"我真该把一切工作和脑力劳动放下一段时间，但，这对我来说太难办到了。即使我有钱，去游荡，也是办不到的！"

半个世纪来，马克思一直拿着他那受苦受难的"十字架"，目的是要让劳动人民最后把臭名昭著的资产阶级世界钉在十字架上。《资本论》诞生的时间愈临近，马克思就愈清楚，他将把拥有强大威力的武器交给无产阶级。在即将完成《资本论》第一卷的前夕，他给一位冶金工人、国际的活动家卡尔·克林格斯写信说："现在我希望再过几个月就完成它，最后在理论方面给资产阶级一个使它永远翻不了身的打击。祝您健康，并请您相信，工人阶级永远可以把我当做一个忠诚的先

---

① 《马克思恩格斯全集》第1版第13卷，第8—9页。
② 换班制度是英国工厂主为逃避法律上对儿童和未成年人的工作日的限制而采用的一种劳动制度。在这种制度下，为了欺骗工厂视察员，同一个童工或未成年工人工作若干小时后，在同一天内被换到另一个车间或另一个工厂去，所以，归根到底他们的总工时并不比实行限制工作日的法律以前短，往往甚至更长。

锋战士。"①

……1867 年，在一个阴雨绵绵的 4 月的早晨，在伦敦港，马克思踏上一艘小客轮的甲板，为的是把拥有巨大能量的物质——《资本论》手稿送到大陆去。还没有来得及离开英国海岸，就下起了倾盆大雨。仿佛这一切都早有安排！马克思在多年闷守书房后，今天能置身在翻腾咆哮的大海之中，颇感"格外惬意"。他面对汹涌澎湃的海浪，似乎预感到最强烈的世界暴风雨即将来临！……

在汉堡，他把手稿交给了出版商迈斯纳以后，便乘车去汉诺威，拜访他那位"函授"朋友路德维希·库格曼，并在那里呆了几个星期。他同库格曼有多年通信之交，但从未见过面。作为马克思主义（"我们的学说"——马克思对恩格斯这样说）的热情追随者，他是知情达理、为人忠厚诚笃、富于自我牺牲精神的人。马克思看到这样的同志与日俱增，心中感到格外高兴。

马克思把他的"爱子"交到可靠人的手里以后，该抽时间尽道义上的义务——回复"宝贵党员"、矿业工程师齐格弗里特·迈耶尔的友好信件了。他开诚布公地解释说："那么，我为什么不给您回信呢？因为我一直在坟墓的边缘徘徊。因此，我不得不利用我还能工作的每时每刻来完成我的著作。为了它，我已经牺牲了我的健康、幸福和家庭。我希望，这样解释就够了。我嘲笑那些所谓'实际的'人和他们的聪明。如果一个人愿意变成一头牛，那他当然可以不管人类的痛苦，而只顾自己身上的皮。但是，如果我没有全部完成我的这部书（至少是写成草稿）就死去的话，我的确会认为自己是不实际的。"②

当进入起草革命理论的主要阶段时，马克思满怀对事业的深刻认识说："我愿为我党取得科学上的胜利！"我们要强调突出这句话，一再重复这句话，并在每个字上都加上重音。这是理解马克思的目标之所以

---

① 《马克思恩格斯全集》第 1 版第 31 卷，第 425 页。
② 同上书，第 543—544 页。

始终如一的关键。为党取得科学上的胜利，对他来说，就意味着解决主要的战略任务——将未来社会会战的全面要图展示给革命军团，指出总的作战纲领。他通过无产阶级每天战斗的经验，并参照过去科学所发现的各种因素得出了这个结论。这样一来，革命领袖和伟大思想家的所有志向和全部愿望，都集中反映到这唯一的环节上了。

在汉诺威朋友家中，马克思看到了已排好版的第一批印张。"今天，正逢我生日的时候，"他写信给大女儿，"拿到了第一个印张来校阅。我担心，书印出来也许会太厚。"① 七周后，他给《资本论》写了一份简短的前言。前言中，他再次表示要忠于自己的原理和坚定不移地走自己的路。

"任何的科学批评的意见我都是欢迎的。而对于我从来就不让步的所谓舆论的偏见，我仍然遵守伟大的佛罗伦萨人②的格言：走你的路，让人们去说罢！"

他的生活目的，就是给人类指明道路。从这里便可看出他的目标始终如一，从这里我们也可以看到他毕生的功绩。

---

① 《马克思恩格斯全集》第1版第31卷，第547页。
② 指意大利文艺复兴时代伟大诗人但丁。

您对幸福的理解——斗争

难道说,他在友谊方面缺少幸福吗?谁还能如此毅然坚定、真诚不渝地宣称自己的朋友是:alter ego(第二个"我")!要是忽然有诽谤者、阴谋家的一只黑手企图玷污这位朋友的荣誉,那他肯定会挺身而出,奋起挑战;他随时准备同诽谤性地攻讦恩格斯的居心叵测的自私自利者"进行决斗",或者到"另一个地方"去会会他,为的是撕下对方脸上那张"虚伪的假面具"……

难道说,他在爱情方面觉得不幸吗?让我们再次回忆他对于爱人所说的一席话,那是在他们共同生活数千个日日夜夜之后所说的一席话:"诚然,世间有许多女人,而且有些非常美丽。但是哪里还能找到一副容颜,它的每一个线条,甚至每一处皱纹,能引起我的生命中的最强烈而美好的回忆?"①

难道说,他的孩子使他感到不幸吗?可孩子们是非常爱他,对他的事业无限忠诚的。我们还将在以后的叙述中多次谈到他们。这里不妨先引用一位纯粹的外人,一家美国报纸编辑的一次极其短暂的目击作为佐证。一个夏日的黄昏,这位编辑曾在海滨浴场观察过马克思的一家人:"这是令人神往的一伙人,约摸十来位,其中一位是两个青年女士的父亲,女士们幸福地携带着自己的孩子。孩子们的祖母充满着乐观欢快的

---

① 《马克思恩格斯全集》第 1 版第 29 卷,第 516 页。

精神和女性的谧静。卡尔·马克思当爷爷的本事比起维克多·雨果来毫不逊色，可他更幸福……"

然而，马克思还是把他的幸福观同"斗争"这个概念联结了起来。你可以把这看做是禀性的特殊景象，一种自然的天赋。早在青年时代的自述诗中他就曾这样表露过自己：

> 火焰充满着我的整个心房，
> 我怎能安闲地游荡。
> 迎着风暴，投身斗争，
> 我怎能在半醒半梦中闲逛……

斗争，这是生命意志的表露，性格的映照，欲念的炽热化。可是，这决不是单一意义的概念。斗争可以是为了在阳光之下争一席之地，也可以是为了拨开云雾让阳光普照大地而搏击长空。人们可以为了把家里炉灶的火苗扇旺而耗尽精力，也可以像普罗米修斯①那样把火种传于人世。正是普罗米修斯的功绩鼓舞着年轻的马克思迈进科学殿堂的门槛；正是他，"哲学的日历中最高尚、最虔诚的圣徒"，便是哲学自身的体现。在博士论文的序言中，马克思正是用他那凌厉的言辞向那些在墨守成规、无所用心、饱食终日之中欢欣庆幸的"可怜的懦夫们"发起挑战的。

是啊，这个昏蒙蒙的、衰颓的世界还是属于庸夫俗子的。人类已经意识到的自由和尊严的感情已随同希腊人一起从这个世界上消失，这种感情已经消逝于上天基督王国的虚无缥缈的迷雾之中了。应当在诚实的人们心中把它唤醒。应当揭露旧世界，并"进行有益的工作以建立一个新的世界"。他鼓舞年轻的同时代人："最先朝气蓬勃地投入新生活

---

① 普罗米修斯，古希腊神话中的一个狄坦神。他从天上盗取火种，带给人们。宙斯把他锁缚在悬崖上，令鹰啄食他的肝脏，以示惩罚。

的人，他们的命运是令人羡慕的。但愿我们的命运也同样如此。"①

马克思和恩格斯，这两位英姿勃勃的唯物主义者，面对世界巍然屹立，共同的斗争把他们结合在一起，他们"严厉地批判地裁审"了"神圣家族"中的伪预言家，在社会面前提出了应该以关于现实的人及其历史发展的科学来代替对抽象的人的崇拜的问题。他们提醒说，由于上个世纪②革命催化主义的结果，社会思想已经意识到：

伟人们之所以看起来伟大，
只是因为我们自己在跪着。
站起来吧！

但是，马克思和恩格斯很实际地认为，要想站起来，"仅仅在**思想中**站起来，而**现实的**、**感性的**、用任何观念都不能解脱的那种枷锁依然套在**现实的**、**感性的**头上，那是不行的。"③ 他们说，把同链条和枷锁的斗争"变成纯粹的斗争"是徒劳的。

宣称自己是"绝对精神"唯一的遗嘱执行人的至圣观念的笨拙弟子，顽固地推行"精神"和"群众"之间的对立，他们把群众的"自我欺骗"、"萎靡不振"宣布为"世界精神"的唯一对头；他们把以往历史上一切伟大事业失败的责任，全都推到表现了自己平凡的"利益"和"热情"的群众身上——据说，法国革命中"利益"之所以遭到不成功，就是因为这个"热情"，就是因为"观念"要去满足于"对自身之表面的理解"。但是，马克思和恩格斯以其对历史进程的具体分析，以其对对立面之间斗争的辩证统一的理解，打击了关于"精神"和"群众"、"观念"和"利益"相对立的这一派胡言乱语。他们在揭示

---

① 《马克思恩格斯全集》第1版第1卷，第408页。
② 指18世纪。
③ 《马克思恩格斯全集》第1版第2卷，第105页。

上一次革命的性质的同时,证明"利益"是根本不可能烟消云散的。①

他们在引用论敌的概念时指出:"资产阶级在1789年革命中的利益决不是'不成功的',它'压倒了'一切,并获得了'实际成效',尽管'激情'已经消失,尽管这种利益用来装饰自己的摇篮的'热情'之花也已经枯萎。这种利益是如此强大有力,以至顺利地征服了马拉的笔、恐怖党的断头台、拿破仑的剑,以及教会的十字架和波旁王朝的纯血统"。② 如果说革命是不成功的,如果说群众利益没有得到满足,那原因并不在于群众的"热情",而在于"对不同于资产阶级的绝大多数群众来说,革命的原则并不代表他们的实际利益,不是他们自己的革命原则"。无产阶级后来的领袖预言,历史活动是群众的事业,随着历史活动的深入,必将是群众队伍的扩大。私有制导致无产阶级的产生,历史赋予无产阶级的使命是对私有制作出判决。

在哲学范围内为确立新的世界观原则而展开斗争的同时,马克思细心地研究了阶级斗争的性质,研究了革命形势发展的状况。在流亡巴黎期间,他首先注意到他出生以前的25年间社会上突然迸发出来的那股震撼法国绝对主义根基的巨大力量。他想知道雅各宾派和吉伦特派③之间的斗争情形,还编写了国民公会议员勒瓦瑟尔回忆录的一份提纲;雅

---

① 请参见《马克思恩格斯全集》第1版第2卷,第104—105页。
② 《马克思恩格斯全集》第1版第2卷,第103页。
③ 18世纪末叶法国资产阶级革命时期的两个政治集团,吉伦特派代表大工商业资产阶级和在革命时期产生的地主资产阶级,这一集团的许多首领出生于吉伦特省,因而得名。吉伦特派于1792年执政以后,反对进一步深入革命,遂与雅各宾派和"疯人派"所代表的革命民主力量进行斗争。1793年春,在法国国内外情势急剧恶化的情况下,吉伦特派公然走上反革命和背叛民族的道路。由于巴黎人民于5月31日爆发了革命,政权转到雅各宾派手中。后来吉伦特派的残余分子与保皇党人、外国武装干涉者、热月党人勾结一起发动了反革命政变(1794年7月27日),从而结束了18世纪末叶的法国资产阶级革命。

各宾派领袖的激进思想、意图、活动使他极感兴趣，于是他研究起罗伯斯比尔、圣茹斯特、德穆兰等人的著作来了。他还想编一本《国民公会史》，想从其凄惨的教训中得出某些必要的结论，可惜此事未能兑现。可是巴黎的报刊已经风风雨雨地谣传说，他之所以被迫流亡布鲁塞尔只是"想在那边完成自己这项研究工作"。若当真如此，事情就完全会是另一种样子了。

普鲁士和法国当局对于马克思的政治活动极其不满，对于他所编辑的报纸上的尖锐的文章感到恼怒。（反动派惊呼："这个报纸比第一次革命时期任何一种法国报纸都坏。"）他们终于将他和他的同事们逐出了巴黎。必须"极其低贱地请求"利奥波德国王允许他"在比利时居住"。当然国王对这种事是置若罔闻的，但警察局要求签署一份"不在比利时发表任何有关当前政治问题意见"的保证书。欧洲的统治者已经开始意识到马克思笔锋凌厉的攻击力了。

至于说到革命历史的教训，他不止一次地作过探索，而且总是非常及时的。当1848—1851年的革命浪潮刚刚消退下去的时候，马克思在事变发生之后立即作出极其透彻的分析，提炼出历史唯物主义的一些极其重要的原理、阶级斗争的理论和无产阶级专政的学说。同时，他还回顾了历史为上一世纪革命家所提供的残酷教训，回顾了雾月十八日①，那即将结束的世纪最后一段日子中的一天，那时候军事独裁者很有威势地声称自己胜利了，因为他们已经完成了资产阶级反革命的进程。马克思把这黑暗日子的名称写进了自己那部十分重要的著作的标题，他认为新的资产阶级革命的耻辱乃是雾月十八日事件的翻版。

他还想起了黑格尔无意中说过的一句话，一切伟大的世界历史事变

---

① 法国资产阶级革命后共和八年雾月十八日，即1799年11月9日，是拿破仑一世发动政变，改行帝制，实行军事独裁的日子。1851年12月2日，路易·波拿巴仿效他的伯父举行政变，建立军事独裁；1852年12月2日，进而废除共和，改行帝制，号称拿破仑三世。所以，马克思借用雾月十八日这个日子写了一部著作来讽刺和揭露路易·波拿巴。

您对幸福的理解——斗争

和人物，可以说都出现两次。马克思指出："他忘记补充一点：第一次是作为悲剧出现，第二次是作为笑剧出现。"① 而且，还构成了这样的对应格局："科西迪耶尔②代替丹东③，路易·勃朗④代替罗伯斯比尔⑤，1848—1851年的山岳党⑥代替1793—1795年的山岳党⑦，侄儿代替伯父。在雾月十八日事变再版的那些情况中，也可以看出一幅同样的漫画！……"⑧

卡尔·马克思——这位革命政论作品方面的莎士比亚，用强烈而鲜艳的色彩把资产阶级没落者的狭隘性和局限性刻画得淋漓尽致，这些人在深刻的社会大变动时期，"战战兢兢地请出亡灵来给他们以帮助，借用他们的名字、战斗口号和衣服，以便穿着这种久受崇敬的服装，用这种借来的语言，演出世界历史的新场面"。马克思将无产阶级革命与资产阶级革命从本质上、特性上、精神上以至推进的艺术上作了入木三分的对比。他指出，新的社会革命不能从过去，而只能从未来汲取自己的诗情……

我们看到，马克思对斗争的最主要的实质理解得既广泛又全面，既是划时代的又是十分现实的，既能从世界角度出发又是顾及个人的，这样的理解实属前无古人。他为自己选择了极度艰难的路，但却坚定地相

---

① 《马克思恩格斯全集》第1版第8卷，第121页。
② 科西迪耶尔（1808—1861），法国小资产阶级民主主义者，1834年里昂起义的参加者，1848年二月革命后任巴黎警察局局长。
③ 丹东（1759—1794），18世纪法国资产阶级革命时期活动家，后来堕落为新暴发户的代言人。
④ 路易·勃朗（1811—1882），法国小资产阶级社会主义者，1848年二月革命时参加临时政府，执行违背无产阶级利益的政策。
⑤ 罗伯斯比尔（1758—1794），18世纪法国资产阶级革命时期雅各宾派领袖。
⑥ 1848—1851年的山岳党，是法国1848年革命时期制宪会议中小资产阶级民主主义者的集团，他们自称是雅各宾派的继承人。
⑦ 1793—1795年的山岳党，是18世纪法国资产阶级革命时期国民公会中的革命民主派，因坐于会议大厅的最高处而得名，大多数成员参加雅各宾俱乐部。
⑧ 《马克思恩格斯全集》第1版第8卷，第121页。

信这是一个战士最幸福的人生道路。当他跨进中年之前，当他尚处于旺盛的创作进程的头一个10年间，便以高度负责的现实主义态度向自己提出了这样两个最根本的问题：

为了什么而斗争？

以什么方式进行斗争？

他以一种博大的气概回答了这些问题。但是，他没有以传播真理的先知的身份来回答这些问题，而是以一个饱经忧患、从生活中悟出了真理的人，一个重实践、做事业的人的身份来回答这些问题。他并不颐指气使，并不发号施令——他说明自己的原则，并且首先要求自己，要求他的拥护者去身体力行。为着一定的目标而建立起来的共产主义者同盟，就整体上说是"马克思的党"，而《共产党宣言》则是一批又一批无产阶级队伍实际行动的纲领。

革命运动的一员老将弗里德里奇·列斯纳在回忆《宣言》产生的情景时说道："当我见到马克思时，我一下子就感到了这位奇人的卓越和巨大的优势。我心里充满了坚信工人运动处于这样的领袖领导之下一定会胜利的感情。"他强调指出："马克思生来就是人民的领袖。"

为了创立关于新社会的基本学说，制订共产党人的斗争战略和策略，不断地团结革命力量，马克思以生活准则为基础形成并确定了人民战士的革命道德和精神规范。从"马克思党"的实际经验中似乎可以得出两种方针，两条斗争路线。一条是同无产阶级的主要敌人——资本进行不调和斗争的主干路线。另一条则是确保革命力量免遭危险的同路人和随之而来的各种障碍所害的防卫路线。这后一条路线是很难确定、很难区划的，但它对于胜利地、无阻碍地达到最终目标却是十分必要的。

马克思有一次顺便提到过反驳蒲鲁东主义的事，"共产主义首先必须摆脱掉这位'假兄弟'。"这一层意思他很可能讲过不仅一两次。除了在贫困中空议贫困的蒲鲁东主义之外，共产主义周围还聚拢着太多的"假兄弟"，仿制的、冒牌的革命性——从年轻的恩格斯所熟悉的那位把自己装扮成共产主义者的巴门警察局局长直到马克思主义"法定的"卫士伯恩施坦和考茨基的机会主义,全都得到了过于广泛的流传。马克思主义该如何对待自告奋勇的"假兄弟",在理论和实践之间应划出怎样的界线,应确立怎样的道德立场,这一切使人们分外明晰地看清并理解马克思的斗争信念。也许跟巴枯宁主义之间的一段延续多年且特别紧张的关系史倒是最能明显不过地揭示出这一点来。

先前的炮兵军官,出身于特韦尔贵族之家的米哈伊尔·巴枯宁,以遭受沙皇政府通缉的革命家的名声在欧洲流浪四年之后在巴黎与马克思相遇了,他是被缺席判处流放西伯利亚,并被褫夺了贵族称号的。当时巴枯宁已经30岁,马克思比他小4岁。他们为同一张报纸撰稿,一起揭露资产阶级社会的弊病,一起被基佐内阁发布的指令驱逐出法国。从他们一开始相识起,"本能的"社会主义者巴枯宁就对马克思的才干、博学,对他对无产阶级事业的忠贞之心赞叹不已,但这并没有妨碍他出入乔治·桑和路易·勃朗的沙龙,也没有妨碍他以高度的热情接受蒲鲁东主义的思想和精神的影响,他还准备发展自己的无政府主义思想。

隔了一段时间之后,在布鲁塞尔,巴枯宁又同马克思相逢。但此时此刻,一个已经是《宣言》的创作者,是揭露蒲鲁东"贫困的哲学"的人,另一个则即将成为无政府主义的领袖,虽然两人已不可能再结为亲密的志同道合者,他们分道扬镳了,虽然巴枯宁丝毫没有摆脱政治上的折中主义,也没有去掉假革命的空泛议论的习气(也许这是革命前的压抑气氛的结果),但马克思仍然保持着对这位被追缉、遭诋毁的革命者的友谊,并多方对他加以保护。欧洲正孕育着一场革命,共产主义的幽灵正在大陆徘徊。

……巴枯宁从比利时——法国的边境步行来到起义的巴黎,当他抵达的时候正是二月革命胜利结束的时候。现在他可以心满意足地肩上扛着枪在大街上漫步了,可以对巴黎的"左"倾分子发挥普遍性平均主义、不断革命、解放一切斯拉夫人的"激奋人心"的思想了……

吸够了巴黎的暴风雨气氛，但对事态进展还表示并不满意的巴枯宁，对欧洲一些沸腾着的城市进行了伤感的、但却是革命的访问。

1848年夏，业已高举起《新莱茵报》战斗旗帜的卡尔·马克思，重又在革命道路的十字路口同米哈伊尔·巴枯宁相遇了。马克思又一次准备支持他的每一个诚实的举动，但对他的不正确的做法不再保持沉默，也不再原谅他的思想错误；他又一次准备保护巴枯宁不受迫害和攻击，虽然这一次是乔治·桑的沙龙提出了怀疑：这一位革命家和民主主义者欧洲集会的常客莫非是沙皇的奸细？

巴枯宁的周游于一年之后结束，因为在德勒斯顿近郊的"蓝色天使"旅馆里恶魔找上门来——当地的市民把他交给了普鲁士士兵。逮捕、监狱、要塞、判决。先是死刑，随后改为终身监禁。从德国监牢递解到奥地利监牢，后来又被引渡给沙皇政府。彼得保罗要塞①……

彼得保罗囚室的门槛将巴枯宁的前半生和后半生截然隔成两段，简直可以说是判若云泥的两段。要塞的高墙遮隐了秘密，但终究还会在欧洲的报纸上透露出一些蛛丝马迹，忽而传出一些阴涩的谣言，忽而生出一些离奇的揣度：勾画了一幅怪物的图像——尼古拉的私人密探，潜近轻信他人的社会主义领袖身边的一个阴险的奸细。马克思那副善良的心肠既不能接受可憎的猜疑，也不能苟同可耻的怜悯。他准备尔后仍然要为保护巴枯宁而与别人"发生争执"。

但马克思一直不知道的秘密，是非常可耻的。这是有关一个人道德上深深地堕落的秘密，这个人在全欧洲面前还摆出一副斗争豪杰、斗争导师的面孔。他所遗下的个人档案比起普鲁士人和奥地利人对他判处的死刑更加可怕，因为这是一份卑贱的自白。的确，恰如命运所揶揄的那

---

① 彼得保罗要塞，在列宁格勒涅瓦河右岸，1703年彼得一世时所建。喀琅施塔得要塞建成后，彼得保罗就丧失了军事上的意义。彼得保罗要塞内有俄国沙皇（从彼得一世到亚历山大三世）的陵墓。18世纪沙皇政府把这座要塞变成一座制度非常严酷的政治监狱。

样，巴枯宁将其称做"自白"，但这并不是写给革命事业后来人的自白，而是写给"最最仁慈的国王陛下"并且还毕恭毕敬地附上了"幡然悔悟的罪人米哈伊尔·巴枯宁"签名的一份自白。

……这一年是在上个世纪的中叶，这是沉湎于自由之中而惊醒以后的一段痛苦的时期，是革命的低潮和反动势力进攻的时期。巴枯宁受着拘禁，37岁的一名壮士，真像俗话所说的"饭量顶四人，力气大无边"，可监狱里的场景却使他变得沮丧了，他被压坏了。马克思也受着拘禁，他被饥馑、贫困、诽谤、威胁包围着。恩格斯不无用意地提醒他："你可得小心呀。"提醒他存在着职业刺客，但估计人家也许"没有勇气把这样的家伙弄到我们头上来"。

这段时间里两个人、两位斗士的做法和想法究竟是什么样的呢？

马克思在写作，写的是《雾月十八日》。他以丹东的神圣怒气，塔西佗的充满激情的严厉性，尤维纳利斯的惊人的尖锐劲儿，揭露了波拿巴主义，作者刚劲有力的寥寥数笔就把大、小拿破仑推到了世界面前，任凭公众去鞭笞他们。巴枯宁也在写作，写的是表达对于尼古拉·巴尔金难以表达的爱戴，对于他的威严的王权的一片赤忱的忠心，为的是向他、"精神上的父亲"进行忏悔。马克思向德国一切绞杀共产主义的刽子手发起一场歼灭性的战斗，给冒险分子和宗派分子以打击，捍卫自己的党的荣誉，对诬蔑它从事阴谋活动的责难进行驳斥，并挺身保护被陷害而置于被告席位的同志；他写了一本《揭露科隆共产党人案件》的抨击性著作，这部著作正气凛然，以大量的事实、严谨的逻辑，把敌人批驳得体无完肤。巴枯宁则弃绝了一切，责备自己吃了"许多知识禁树上结的果实"，把党的秘密奉献给俄国的统治者，列出了许多人的姓名……

假若我们能够同时听到他们两人的独白，那真不知会产生一些什么印象。下面是几则对比：

巴枯宁：呀，陛下，我将向您、精神上的父亲作忏悔。人们都期望得到您的宽恕,不是在这里,而是为了去另一个世界。我要向天主祈求,愿他赐给我朴素的、真挚的、虔诚的语言,没有奸诈和换取皇帝陛下恻隐之心的谄媚。

马克思:我的小册子并不是保卫原则的,而是以叙述事实和事件进程为基础斥责普鲁士政府的抨击性著作……为了购买稿纸,我昨天把从利物浦买的一件上衣送到当铺去了……普鲁士的老爷们应当感到,他们与之打交道的是一个比较厉害的敌人。

巴枯宁:我想一劳永逸地洗刷掉对我的不公正的指控,因为我身上的罪孽已经太多太多了,我又何苦再背上一些我压根儿没有犯过的罪孽呢!我认识许多法国的、德国的、比利时的和英国的社会主义者和共产主义者,读过他们的文章,研究过他们的理论,但我本人从来也不属于任何一个组织,任何一个团体,对于他们的事业、他们的宣传和他们的行动,我是断然不予理睬的……

(关于早期在巴黎时期跟马克思的合作)

"我的团体起初几乎完全由德国的民主主义者组成,他们或者是被驱逐出境的,或者是自愿离开德国的,为的是在这里创办一份民主派的法德周刊,以求协调并联结两个民族的精神和政治利益……起先闹得满城风雨的整个事业忽然无声无息了,到头来只落得一张可怜而无聊的周报《前进报》,而且也只维持了不多久,后来也因其自身的卑劣行径而很快寿终正寝了。那些德国人因此而被撵出了巴黎,这对我来说真可谓如释重负。"

(关于同马克思的重逢以及加入布鲁塞尔民主协会①)

---

① 民主协会,1847 年秋于比利时布鲁塞尔成立,马克思和恩格斯对协会的成立起了积极作用。民主协会把无产阶级革命者以及资产阶级和小资产阶级民主进步分子团结在自己的队伍中。1848 年 3 月初马克思被驱逐出布鲁塞尔以及比利时当局对协会中最革命的分子进行镇压以后,比利时的资产阶级民主主义者没有能够领导劳动群众的反君主政体的运动。民主协会的活动就成为更狭隘和纯地方性的了,到 1849 年它的活动实际上已告停止。

"在布鲁塞尔，本来要吸收我参加德国和比利时共产主义者和急进分子的同盟组织，这里面也有英国的宪章派分子和法国的民主主义者，不过这个组织不是秘密的，常常举行公众集会，大概也有秘密大聚会，但我从未参加过，就是公众集会我也统共只去过两次；后来就再也不去了，因为他们的一举一动、一言一行都使我感到厌恶，而他们的要求尤其使我无法忍受。于是他们不满意我了，德国共产主义者甚至可以说仇恨我了，他们比别的人更加大声地喧嚷，臆断我是叛变了。其实，我更多的是生活在贵族的圈子里……

（关于共产主义的危险）

"我觉得，这个游移不定，见不到，摸不着，但无所不在的共产主义，以这种或那种形式一无例外地活跃于一切之中的共产主义，比之那一定的、形成了体系的共产主义要危险一千倍，因为后者只是在不多的几个有组织的或者公开的共产主义团体中作作宣传罢了。"（尼古拉在这里批示：然。）

马克思："共产主义者同盟"并不是一个阴谋家团体，而是一个秘密地进行组织无产阶级政党的团体，因为德国无产阶级被公开地剥夺了igni et aqua（必需的生活条件），被剥夺了出版、言论和结社的自由。如果这样的团体也进行秘密活动，那么，这只有在蒸汽和电进行反对status quo（现存秩序）的秘密活动的意义上才会发生。

不言而喻，这种不是把组织未来的执政党，而是把组织未来的反对党作为自己的目的的秘密团体，对于下面这样一些人来说，吸引力是不大的：这些人一方面在秘密活动的那种庄严的、带有戏剧性的斗篷下面竭力掩盖自身的渺小，另一方面又打算在最近革命到来时满足自己的一点微不足道的功名心，但是首先千方百计地试图在目前就成为显要人物，在蛊惑宣传的成果中捞到自己的一份，博得那些民主主义的爱吵吵嚷嚷的饶舌者们的拥戴。

巴枯宁：终于爆发了二月革命。当我一知道巴黎打起来了的消息之后，我马上在一个熟人那里要了一张护照，以防万一，随即回到了法国……陛下，我将向您禀明巴黎所给予我的印象。这座大城市，欧洲的教育中心，倏忽之间一变而为野蛮的高加索：每一条街上，几乎在每一个地点都堆有像小山包一般、齐及屋顶的街垒，那上面，在石块与毁坏了的家具之间，全副武装的工人们活像山谷里的列兹金①女人那样，穿着受火药熏染而发暗的五颜六色的短衫；肥胖的店铺老板娘，epiciers，脸蛋由于惊怕而发呆了，偷偷地从窗户里往外瞧；大街上，林荫道上连一辆马车也没有；穿着漂亮的年轻人和老年人销声匿迹了，所有令人憎恨的手持拐杖和长柄眼镜的社交人士无影无踪了，替代他们的都是我的高尚的革命伙伴。

陛下，我无法向您明晰地禀告我在巴黎度过的这一个月的实情，因为这是精神上如醉似痴的一个月。不仅是我一个人，所有的人都如醉似痴：有的是受到极度的惊吓，另一些人是由于极度的兴奋，对某些东西寄予极度的希望。我每天凌晨四五点起床，深夜二点才上床睡觉；整天到处乱跑，一切会议、集会、俱乐部的活动、各种程序、郊游、示威游行，一无例外全部参加。总而言之，我是用全部感情，在所有的时间里完完全全沉浸在令人陶醉的革命气氛之中了……如果说这些人，如果说法国的工人们能找到一位真正的领袖，能够理解并爱护他们的领袖，那么他一定会同他们一起创造出奇迹来的。

马克思：我们对工人说：不仅为了改变现存条件，而且为了改变自己本身，使自己具有进行政治统治的能力，你们或许不得不再经历15年、20年、50年的内战和国际冲突……

共产党人能够加速资产阶级社会瓦解的过程，但是可以让资产阶级社会去瓦解普鲁士国家。如果有人把推翻普鲁士国家作为自己的直接目的，并且宣布达到这一目的的手段是破坏社会，那么，他无异就是一个

---

① 列兹金人是居住在苏联达格斯坦和阿塞拜疆一带的民族，操列兹金语，属于伊比利亚高加索语支。

为了清除道路上的粪堆而打算炸毁地球的疯狂的工程师。

巴枯宁：如果有人在公共马车上问我坐车的目的何在，我是很乐意回答他的，于是在我们之间就会发生如下的一场谈话："你要去干什么？""去造反。""造谁的反？""造尼古拉皇帝的反。""怎么造反法？""我自己还不大清楚……""你怎么能赤手空拳，一个人孤零零就想去跟俄国沙皇作斗争呢？""革命和我在一起……"陛下，您也许会觉得可笑，我一个孤独无力的无名小卒，竟敢来跟您、伟大王国的伟大沙皇作战！现在我清楚地看到了我的狂妄，而且自己也觉得可笑，要是我还能笑得出来的话……

可那时候什么也看不清，什么也不愿意去想，只是像着了魔似的直向那自取灭亡的道上拼命跑去……陛下，我冒犯您神圣王权的罪孽在思想和意念的范围之内达到了无边无限的程度！我要再一次感谢神，是它适时地制止了我，是它不让我把我那些反对您、我的陛下，和反对我的祖国的极其有害的行为铸成任何一个事实，即使连开一个头也不允许。

（"无政府主义者'经监禁后的'观点"）

"在两年多的单独关押期间，我得以反反复复地考虑许多事情……我终于悟出来一条真理：统治科学和统治事业，那是非常伟大、非常艰深的，要是不具备非凡的头脑，未受过特殊的教育，缺乏独特的环境，不亲自直接接触并经常和它们交往，那是很少有人能够肩负起这种责任的。我领悟到：在国家和民族的生活中有许多崇高的规章、法律，是不能用一般的尺度去衡量的；有许多在我们个人生活中看来是不公正的、痛苦的、残酷的东西，在更高的、政治的范围内却是不可或缺的。"

马克思：被告们所体现的手无寸铁的革命无产阶级站在由陪审法庭所代表的统治阶级面前；因此，这些被告的罪是老早判定了的，因为他们是站在这样一种陪审法庭面前。如果有某种东西能像动摇舆论那样动摇一下陪审员们的资产阶级良心，那就是暴露无遗的政府的阴谋、展现在他们眼前的普鲁士政府的腐败。陪审员们自言自语地说,但是,如果普鲁士政府对被告采取如此无耻的、同时又是如此冒险的手段,如果它——比如说——把自己在欧洲的声誉孤注一掷,在这种情况下,被告们,无论他们的党怎样弱小,想必还是非常危险的,他们的学说无论如何是一股巨大的力量。

……也许一个小时之内产生的几个想法,却有着无穷尽的由来,虽然只是几个想法,但其背景却是整个漫长的生命:互相对立的观念,完全相反的道义立场。一名从故作癫狂的极乐之中消沉下来的落伍者,满以为"任何地方都比不上""彼得保罗要塞""那么好"的人,在祈求上帝赐予"每一个自由的人找到这般善良、这般博爱众生的首领",这样的首领他自己在监禁期间"非常有幸地"找到了。像这样一个人,只要他对自己多少还存有一丝真诚的话,那么,便永远不会有决心说出幸福在于斗争这样的豪言壮语来。

他也按自己的方式开展斗争,而且在自己的故弄玄虚的斗争中成绩卓著。巴枯宁所敬重的尼古拉死了,于是他又给尼古拉的儿子沙皇亚历山大写同样内容的哲学呈文,并终于从要塞获释出来。他得到了在西伯利亚居住的许可,买了一所房子,谋到了录事的差使,同一个年轻的波兰女人结了婚;后来便迁居到城里,到金矿主身边去就职,跟远亲的总督过往甚密,要到了各种证件之后,终于途经日本、美国,直奔欧洲的沙龙。这一回可真要大干一场了:暴君们,发抖罢;国际,你也得小心点!

于是按赫尔岑精确的表述,他那"革命活动的疥疮"又发作起来了。这会儿要对付上帝本身了,他号召推翻宗教。他预言将发生革命的激荡,他颁布进行社会大战的战略和策略,可当他试图在起义的里昂实现自己的一套方法论时却把事情搅得一塌糊涂,真叫人啼笑皆非。他又跑到共产国际来,想要攻击它,想要篡夺党的权力,因而遭到革命荣誉法庭的严厉审判,最终被赶出国际而了事。①

在巴枯宁"第二次来到"欧洲时,马克思同他重归言好。受到他那狂热的进取心所鼓舞,马克思寄希望于在革命战场上同巴枯宁协力行动,并在这方面得到了他的必要的保证性的表示。但时隔不久就明朗起来了,俄国的这位"造反派人士"公然抛弃了无产阶级的斗争目标,提出了自己的"信条":巴枯宁无政府主义——一种特殊型号的小资产阶级社会主义。他主张揭露剥削者应当有"绝对的"自由,应当否定一切纪律;推翻国家机器,同时应当消灭一切民族性的和地区性的国家;照他的设想,社会斗争中的突击力量不应当是有组织的无产阶级,而应当是超然于阶级之外的分子:小资产阶级的冒险分子,生活浪漫的名士,流氓分子……由他创建的社会民主同盟有成为国际内部的特洛伊木马②的危险。

马克思与恩格斯一起,与国际的领导核心一起,不得不耗费许多精力和时间,去根除巴枯宁主义的"疥疮"。这可不是一件简单的事情,因为这并不是同无产阶级明显的敌人的一场公开的街垒战,而是同危险的同路人、同阴险的"假兄弟"的斗争,是捍卫和加强斗争原则本身的一场斗争。提交给国际代表大会的一分详尽的报告③,决定要在工人运动中从思想上和组织上粉碎巴枯宁主义。必须把突出的无政府主义者

---

① 1870年9月4日由于色当战败而在里昂爆发起义。9月15日,巴枯宁赶到里昂,攫取起义的领导权,着手实现他的无政府主义纲领,这次起义最后以失败告终。

② 古希腊传说。特洛伊王子帕里斯访问希腊,诱走王后海伦。希腊人因此远征特洛伊,围攻9年不下。第10年,希腊将领奥德修斯献计,把一批精兵埋伏在一匹大木马腹内,放在城外,佯作退兵。特洛伊人以为敌兵已退,把木马移到城内。夜间伏兵跳出,打开城门,于是希腊兵一拥而入,攻下特洛伊城。现在常用来比喻在敌方营垒里埋下伏兵里应外合的活动。

③ 即《社会主义民主同盟和国际工人协会》。这一著作是马克思和恩格斯根据海牙代表大会关于公布有关同盟的文件的决定,于1873年4—7月在保·拉法格参与下写成的。

的整个没落的生活公之于众，在革命的范围内清除他的一切肮脏的痕迹，把他的一切，当然只能是已经觉察到的小丑的破烂统统打扫干净。

报告有一个专门的部分罗列了破坏一切的分子的道德法规。这里把巴枯宁的"革命问答"完完全全地再现了出来，从"问答"的条文中涌现出来一个"异想天开地要把鲁道夫、基度山、卡尔·穆尔和罗伯尔·马凯尔①的形象都集中于一身的无定形的破坏一切的人"。"问答"成了恐怖分子的祈祷书决非偶然。巴枯宁想在道德领域内也确定无政府状态，结果把资产阶级的不道德品行发展到了登峰造极的地步。他宣扬"对于强盗的崇拜，因为强盗是模范的革命者"。如果未来社会真的按照同盟的俄国支部的榜样建立起来的话，那它一定会远远超过巴枯宁如此珍爱的耶稣教徒的圣父圣祖们的巴拉圭②。

这就是马克思主义所作的结语。

马克思把自身幸福的意义，也就是斗争的意义凝集到了《共产党宣言》的字里行间：共产党人为工人阶级的最近的和最终的目的而斗争，他们是各国工人政党中最坚决的、最先进的队伍，他们能够科学地理解无产阶级运动的条件、进程和一般结果。他们的第一部党章的开头就规定：生活方式，整个活动都应当与伟大的目的相一致。马克思在踏上共产主义战士的征途时十分清楚地意识到，他所选择的道路是荆棘丛生的，但他坚信，不管将会出现多大的艰险，他决不会偏离目标，决不会丢弃原则和荣誉。

"在风暴中扬起一些尘土，在革命时代闻不到玫瑰油的香气，时而

---

① 鲁道夫是欧仁·苏的小说《巴黎的秘密》中的主人公。基度山是大仲马的小说《基度山伯爵》中的主人公。卡尔·穆尔是席勒的戏剧《强盗》中的主角。罗伯尔·马凯尔最初是著名的法国演员弗雷德里克·勒美特尔塑造的一个恶棍的形象，后来著名的法国画家奥诺莱·杜米埃又利用这个名字画了一套石板画，创造了一个以各种身份出现的坏蛋的形象。
② 16世纪初至17世纪中叶，在南美洲的巴拉圭，曾出观过耶稣会教徒的神权政体国家。

有人甚至被溅一身脏东西，这是肯定无疑的……但是，如果我们考虑到整个官方世界如何拼命地反对我们，"在《宣言》发表12年之后马克思说道，"为了要毁灭我们，他们对刑法法典不是稍稍触犯一下，而是统统彻底违反了；如果我们考虑到那些'愚蠢的民主派'不会原谅我们的党比他们自己具有更高的才智和风格而进行恶毒的诽谤；如果我们熟悉同一时期的其他一切政党的历史；最后，如果我们问一下自己，究竟能够提出什么事实……来反对整个党，那么我们就可以得出结论说，我们的党在这个19世纪由于他的纯洁无瑕而出类拔萃。……"

无产阶级政党之所以具有这一既是道德方面的，又是政治和思想方面的纯洁无瑕的品性，首先是因为党的要求严厉的导师时时敏锐地注视着战斗队伍，要求他们步伐齐整，珍惜旗帜的荣誉。而且，在必要时还表现出不可动摇性和坚定性。

他们对自己的战友们宣称："至于我们，那么，根据我们的全部经历，摆在我们面前的只有一条路。将近40年来，我们都非常重视阶级斗争，认为它是历史的直接动力，特别是重视资产阶级和无产阶级之间的阶级斗争，认为它是现代社会变革的巨大杠杆；所以我们决不能和那些想把这个阶级斗争从运动中勾销的人们一道走。在创立国际时，我们明确地规定了一个战斗口号：工人阶级的解放应当是工人阶级自己的事情。所以，我们不能和那些公开说什么工人太缺少教育，不能自己解放自己，因而应当由仁爱的大小资产者从上面来解放的人们一道走。"①

恩格斯在马克思50寿辰的那一天，回顾他们革命生涯开始的情景时说道："25年前，我们曾经自豪地设想，等不到这一天到来，我们早就被砍头了，那时我们是多么富有青年人的满腔热情啊！"

随着时间的推移，这两位青年人除去满腔热情之外，又表现出对于"人类苦难"的巨大关怀，而砍头的事情再也不可能轮到他们了，因为

---

① 《马克思恩格斯全集》第1版第19卷，第189—190页。

他们的斗争早已从街垒战推进到了世界的范围。（马克思在巴黎公社社员失败之后曾怒吼道："想用惩治来威胁我吗？他们胆敢！我唾弃这班无赖！"）共产主义领袖的身后有着世界许多国家的无产阶级的强大队伍在做后盾。

他是不可能灰心丧气的，更谈不上由于暂时的失利，甚至失败而对自己的力量、对自己的事业失去信心。马克思在40多岁时就说过："我至今始终确信，凡是真正坚强的人……一经踏上革命的道路，即使遇到失败，也总是能从中汲取新的力量，而且在历史的洪流中漂游得愈久，就变得愈坚决。"他这里所指的也就是那个法国国民公会的议员勒奈·勒瓦瑟尔，伟大的英国人罗伯特·欧文，杰出的波兰历史学家和起义者领袖约阿希姆·列列韦尔，比利时的革命将军弗朗斯瓦·梅利奈等一些人物。

共产主义的领袖在把自己的一切力量贡献给革命斗争时，无论何时何地、无论在什么情况下从不突出自己的作用，在党的道德问题上从来都是一丝不苟的，他们力避任何形式的"功名"。

他们强调自己的立场是，"不仅不应当占据任何国家的职位，而且，只要可能也不应当占据任何正式的党的职位，不应当在各种委员会里占据任何地位，如此等等。只要不是必须去'纠正所犯的错误'，而且也只限于理论方面的错误，那就丝毫不应当去干涉党的内部事务。"

恩格斯说："最使那些微不足道而又自命不凡的满腹牢骚的小人恼火的是：马克思由于他在理论上和实践上的成就已经赢得了这样的地位，各国工人运动的最优秀的人物都充分信任他。他们在**紧要关头**都向他请教，而且总是发现他的建议是最好的。他已经在德国、法国、俄国赢得了这种地位，至于在比较小的国家就更不用说了。所以并不是马克思把自己的意见，更谈不上把自己的意志强加于人，而是这些人自己来向他求教的。马克思所起的特殊的和对运动极端重要的影响，就是建立在这种基础上的。"①

大体上在与恩格斯写下这段话的同时,马克思正在和美国《太阳报》记者苏格兰人约翰·斯温顿进行一次很有意义的谈话。斯温顿也就是发现马克思在"当爷爷的本事"方面要比维克多·雨果高出一筹的那位局外的观察家。深受载誉全球的强有力的思想家所感召的这位大洋彼岸的记者,很想知道他对世界近期的前途和未来的命运作何想法,因为这位思想家在40年的历程中,"经历了大量震撼人民和捣毁王位的大动乱"。

而当马克思在绘声绘色、侃侃地依次评述欧洲世界各国的情势,描绘它们的特点、事件、人物时,50岁的苏格兰人目不转睛地注视着他那苏格拉底式的谈话风度,这种风度流畅自如而落落大方,真挚诚恳而锋利明快,时时充满热情豪爽和尖刻辛辣的幽默情趣。马克思谈到了俄国的声势浩大的宗教运动,谈到了德国的理性变革,谈到了法国的进步、英国的停滞。斯温顿指出,"他对俄国抱有希望",并感到惊异,这个人"尽管很少出头露面,却对当代的现实有着深切的理解,而且从涅瓦河到塞纳河,从乌拉尔山到比利牛斯山,他到处都建立起了准备进一步发展的根基"。

后来,在滨海之城作过傍晚的散步之后,在结识了马克思人口众多的幸福的一家人之后,斯温顿又同马克思会聚到一起,在无意静息的大海的咆哮声中,在轻和温缓的碰杯声中继续着他们之间的谈话。他们谈时代和世界,谈人的精神,谈人的幸福。

"火车是从来不等人的,而夜色已经来到眼前。对于现时代及过去若干世纪的徒劳和烦恼的寻思,经过白天的谈话和傍晚的场景,使我脑子里生出了一个问题,"斯温顿说,"一个我希望从这位哲人这里得到答案的关于生存规律的问题。我利用一片沉默的机会,经过一番搜索枯

---

① 《马克思恩格斯全集》第1版第35卷,第224—225页。

肠的功夫，终于以这样几个深沉的字眼打断了革命家和哲学家的谈话：

'生存意味着什么？'

刹那间，他的思路似乎回转到了自己身上，虽然他仍在眺望着我们面前奔腾怒号的大海和岸上那一群使他牵挂的人们。'生存意味着什么？'我问道。他严肃而庄重地答道：

'斗争！'"

您对不幸的理解——屈服

既然斗争有幸福,那么逻辑上自然还有不幸的概念。召唤各国无产阶级奋起投身共产主义的人,显然既不可能屈从于君主政权,也不会折服于市侩习气。然而,厄运却时时萦绕他的左右,妄图使他在令人憎恨的桎梏面前低下头来,妄图摧折他那桀骜不驯的精神。但当他的爱好自由的心灵感受到束缚的时候,每次他都将这些束缚扯得粉碎……

政府对待进步学者的态度太过露骨了,年轻的哲学博士不得不放弃进入大学教授之列的想望。1842 年秋,他到了科隆,当了《莱茵报》的编辑,但马上又受到双重的絷困。

一方面,受着朋友们蛊惑煽动的絷困,他必须挺身抵制"自由人"——柏林那批青年黑格尔分子饶舌者们的连篇累牍的空话,这一伙人给报纸寄来的是"一大堆毫无意义却自命能扭转乾坤的废料"。他为他们斟字酌句,去芜剔杂,吁请他们关注理智和觉悟;要他们少发些不着边际的空论,少唱些高调,少来些自我欣赏,多说些明确的意见,多注意一些具体的现实,多提供一些实际的知识;不要在偶然写写的剧评之类的东西里做一点共产主义的偷运功夫,而要切切实实地去讨论共产主义。于是,他们觉得受委屈了,他们十分擅长地装出一副痛苦欲绝的样子,如鲁登堡者便是。他们逼迫你,威胁你,如梅因者即是,此公"象孔雀一样炫耀自己,郑重其事地拍着胸脯,拍着佩剑,瞎说一阵

'自己的党'如何如何，扬言……会失去他们的信任，并且仿照波扎侯爵①的腔调（只不过比他更坏一些）高谈阔论……"②

另一方面，受着书报检查的繁困。从早到晚都要忍受"最可怕的书报检查的折磨"。先由"我们的"书报检查官作全面检查，编辑部跟他已经混熟了。然后还要把报纸送到警察局去，受本地行政区长官的特别审查。在那里他们统统要嗅上一遍，只要警察的鼻子嗅出一点"非基督教的、非普鲁士的"东西，报纸就不能出版。要驳斥总督的无休无止的指控③，要忙于同部里通信交往，还要应付省议会的责难、股东的埋怨。简直无法忍受！如果说还有什么东西强使他留在编辑岗位上的话，那也不过是意识到了他有义务"不让暴力实现自己的计划"。

如是，忍耐的苦杯已达极限。在这般氛围中，马克思开始感到窒息了：

"即使为了自由，这种桎梏下的生活也是令人厌恶的，我讨厌这种小手小脚而不是大刀阔斧的做法。伪善、愚昧、赤裸裸的专横以及我们的曲意奉承、委曲求全、忍气吞声、谨小慎微使我感到厌倦。总而言之，政府把自由还给我了。……在德国，我不可能再干什么事情。……"④

他早在《评普鲁士最近的书报检查令》一文中表明：惩罚思想方式的、追究原则的法律是以无原则为基础的。因怀疑而施制裁使作家成了最可怕的恐怖主义的牺牲品。"凡是不以**行为本身**而以当事人的**思想**

---

① 波扎侯爵是席勒的剧本《唐·卡洛斯》中的主人公，一个企图影响暴君的、高尚的、有自由思想的内侍官。
② 《马克思恩格斯全集》第1版第27卷，第437页。
③ 1812年11月，普鲁士当局和《莱茵报》编辑部之间发生了尖锐的冲突。11月12日当局向该报责任编辑伦纳德提出一系列要求，其中包括要该报采取比较合乎政府心意的方针。11月17日马克思以伦纳德的名义写信给莱茵省总督冯·沙培尔，抗议对报纸的刁难和查封的企图。
④ 《马克思恩格斯全集》第1版第27卷，第439—440页。

方式作为主要标准的法律，无非是**对非法行为的公开认可**。与其要我把留胡子的信念当做剪胡子的标准，倒不如像尽人皆知的俄国沙皇通过御用的哥萨克人所做的那样，干脆把所有人的胡子统统剪掉。"①

创办一份由欧洲优秀的哲学家和文学家参与的期刊的一个庞大的构思出来了，有一些东西已经成熟了，这些东西"在德国这里将找不到书报检查官来检查，也找不到出版商来出版，也根本没有存在的可能"。② 这里所指的是马上要出版的《德法年鉴》，所谓的这些东西便是即将问世的马克思的第一批马克思主义的著作。当时，这将出现在苏黎世抑或巴黎，尚不得而知，只是他③不能、不应当也不想"同未婚妻分手而离开祖国"。他丢下这份凌乱不堪的报纸，到克罗茨纳赫去结婚，和燕妮在一起呆上哪怕一段短暂的时间，好好地思考一些问题；或者再写上一点东西，因为在刊物出版以前无论如何总得有几个现成的作品呀。

度过了婚后令人陶醉的数周之后，他们艰难的生活中不知不觉地平添出许多琐碎的家务事。这些事也是应当做的。已故的父亲一直主张打好脚下坚实的根基，而不要虚构空中楼阁，他曾一再关注于养成儿女"重实"的气质。他说，一旦你成为一家之主，责任就会落到你的肩头，你就必须像样地挑起这副担子，因为你必然要成为别人的靠山……如果可能，在"不失尊严的情况下"不妨去跟叶尼根先生交个朋友，同埃塞尔先生"见见面倒也不无裨益……"这些身居枢密顾问官高位的海怪似乎也只是在等待自己的机缘。

枢密监察顾问埃塞尔来到克罗茨纳赫的疗养地后，曾秘密地代表普鲁士政府提出过有关年轻博士功名问题的建议……这一切怎么能在不失尊严的条件下实现呢？当他还在天真幼年的时候就已经懂得，在柏林下

---

① 《马克思恩格斯全集》第1版第1卷，第16页。
② 《马克思恩格斯全集》第1版第27卷，第440页。
③ 指马克思。

的蛋不是勒达的蛋，而是鹅蛋。现在他又明白，那是最新的鳄鱼蛋①……

"在他通知我这些建议之后，我就离开普鲁士到巴黎去了。"② 马克思断然拒绝了盛情的邀请、有人曾经许诺下的"肥缺"以至普鲁士产的桂冠，因为这也无非是一种羁绊而已。

马克思在整个一生当中，对于出自某些人的种种"硬要给予的庇护"，保持了高度的警觉，因为他对这些人的个人品德和政治才略是持有疑虑的。革命时期，当他去科隆领导民主运动之无产阶级一翼时，以往的同事、当时已成为普鲁士内阁首相的康普豪森③曾通过一个朋友请马克思到柏林他那里去。马克思没有理睬这种"暗中的拉拢"。甚至即使像弗洛孔④，激进派弗洛孔，法兰西共和国临时政府的成员，表示愿意提供一笔钱（如此急需的一笔资金！）作为创办《新莱茵报》之用时，马克思和恩格斯也谢绝了这一建议，他们不愿意"从即使是友好的法国政府那里领取津贴"。

但是，对于独立来说，贫困也许可以说是最严重的威胁。时时日日发生的现象，有时是以一种不可抗拒的方式在使他屈服，这时候他也会感到自己是多么的不幸。在40岁生日来临之前的寒冬，冰冷的屋子没有煤块取暖，餐桌上空无一物，妻子仅有的一条披肩送进了当铺！……

---

① 这段话出自马克思1842年3月20日致阿尔诺德·卢格的一封信。勒达，一译丽达，希腊神话中的斯巴达王后，为宙斯所爱，宙斯化形为天鹅与勒达接近，后来勒达生下两蛋，即英雄卡斯托尔和波鲁克斯。原信中最新的鳄鱼蛋是用以讽刺1842年2月18日颁布的内阁法令的虚伪性，这个法令要修改普鲁士政府以前的某些法令。

② 《马克思恩格斯全集》第1版第30卷，第504页。

③ 卢道夫·康普豪森（1803—1890），德国银行家，莱茵省自由资产阶级的领袖之一；1848年3—6月任普鲁士首相，奉行同反动派妥协的叛卖政策；1848年7月—1849年4月任普鲁士驻中央政权的使节。

④ 斐迪南·弗洛孔（1800—1866），法国政治活动家和政论家，小资产阶级民主主义者，《改革报》编辑之一，1848年为临时政府成员。

您对不幸的理解——屈服

这时从他胸中迸发出一串深沉的哀怨：

"的确，如果这样的情况继续下去，我宁愿被埋葬在百丈深渊之下，也不愿这样苟延残喘。老是牵累别人，同时自己也总是疲于同卑微的日常琐事作战，长此以往，实在难以忍受。我自己还能在埋头研究一般问题时忘却这种困苦，而我的妻子自然没有这样的避难所了。"①

有时候我竟然还会把自己的景况告知那无意中结成的普鲁士贵族亲戚，其结果也只能是进一步考验我那颗已经痛苦了的心。燕妮的异母兄长斐迪南·冯·威斯特华伦，执掌着内务部的大权，应当说，他是很容易使妹妹一家摆脱苦难的。但是，对于马克思一家来说，对于他们那艘历经风暴的家庭幸福航船来说，这样的避风港是不存在的。还在结婚以前，卡尔·马克思早就清晰地领悟到同虔诚主义的贵族亲戚打交道是怎么一回事，这些人把"天上的君主"和"柏林的君主"同样看成是崇拜的对象，而卡尔则永远是站在街垒另一边的人。在处理与君主制度的卫道士的关系上无产阶级一翼的领袖不可能有别样的选择。

从阴谋家和钻营分子、革命的可怜的卡普勒僧侣②嘴里吐出来的诽言谤语是何等的荒诞，何等的无稽。他们大肆渲染马克思是奸细的凭据乃是所谓"他是普鲁士内阁大臣的内弟"，他们这样做显然是为了适应对科隆的战斗实施叛卖性炮火准备的需要。对此马克思答复道，是的，冯·威斯特华伦先生确与马克思有来往，不过那只是在这样的时刻：威斯特华伦没收了贝克尔的印刷厂，把贝克尔关进科隆的监狱，以此来阻挠马克思即将问世的著作集的出版；还有便是威斯特华伦百般刁难付印工作都已准备就绪的一份杂志的出版。

事隔一年半两年之后，他还可以补充道："跟大舅子大臣还有过一次接触"，那是在巴登边境的一个小村子里，警察暗探遵照冯·威斯特

---

① 《马克思恩格斯全集》第1版第29卷，第256—257页。
② 卡普勒僧侣是天主教的僧侣，属圣芳济派，以乞讨为生，穿带兜帽的僧服，所以也被称为尖帽托钵僧，这一派约于1525年在意大利成立。

华伦的命令如数没收了《揭露科隆共产党人案件》的小册子，并且就在磨坊里把它们全部烧光了。

此外，还有另"一次接触"，不过这一次"接触"马克思实在并不知晓。燕妮在筹措生活所必需的钱财时陷入了走投无路的境地，于是在"未经卡尔同意"的情况下去向哥哥要钱。后来她无数次地感到后悔，并为此不断地责备自己。她烦恼不已地给恩格斯写道：这一步"我过去甚至在最糟糕的时候也是避免的"①，倒并不是因为没有得到资助，而是因为遭到了冷遇，而且不久就显出来"我是处在了令人怀疑的境地"，"把自己的手脚捆了起来"②。那个疯癫的自私自利的反革命分子的哥哥手里捏着家庭档案材料，不久他出版了燕妮的很有声望的祖父的手稿，最可恨的是他还给这部手稿写了一篇令人作呕的序言，在那里发泄他对父亲，一位真正高尚且宽宏大度的人的仇恨，"虔诚的儿子甚至在他入土之后都不能原谅他"，因为他只是"精通莎士比亚，而不是精通圣经"。③

……在枢密顾问官同年轻博士的交道失败以后，匆匆过去了15个年头，马克思重又来到柏林。现在他已经是名震全球的"红色博士"，是广泛传播的一种学说的奠基人，是著名的革命家了。要想利用祖国法律方面因威廉登上普鲁士王位而作出的一些虚伪的姿态——颁布大赦令的时机，应当研究宣传和发展事业的现实可能性，应当提出恢复自己的国籍问题，回到老家去看看，顺便到柏林探探情形，看从老"鳄鱼蛋"里究竟孵了些什么出来。

柏林的民主派贵族，为了显示"反政府的立场"，对杰出的革命思想家表现出格外的重视：为他举行宴会，安排他会见显贵，跟上流社会一起消磨时光……马克思承认，"我在这里无聊得像条哈巴狗。人家像

---

① 《马克思恩格斯全集》第1版第29卷，第642页。
② 同上。
③ 同上。

对待**沙龙里的狮子**那样对待我,我不得不同**许多**专事卖弄'聪明'的男男女女见面,这是很可怕的。"① 但岂止只是沙龙。人家还把他领到了剧院里去,"说来可怕",还让他坐进了紧挨着国王的一个包厢里,这是为了要"侮辱王室"。演出枯燥得要命,面部表情很不自然,布景倒把每一个场景都仿造得像照相一样真实。

他们还去看了另一场更加忧郁的演出,那是从议会的记者席上观看了普鲁士协商派议会开会的情景。会议厅很狭小,旁听席少得可怜,议员们坐长板凳,"老爷们"坐安乐椅。议长吓人地晃动着他的驴腮骨,"以内阁看门人那种十足丑恶和粗暴的首长气派"②,向躲在下面的庸人们猛扑过去——真是"官厅和学校的奇妙的混合物"。议院受到蔑视。饱尝了革命时期民主果实的小伙们,正准备在即将来临的大选中鏖战一场。而"美男子威廉"正"受赤色幽灵的折磨,他把他的'自由主义者'的名声看做"陷阱。③

唉,柏林一如既往,虽然有时盛行一种傲慢无理而轻浮的风气,但并没有什么"高级政治",也没有什么坚定的民主派。到处都是穿军装的人,而那些旧时的遗民,诸如鲁登堡的同辈,则成了自由主义的懒蛋,他们很乐意收取小费,就像摆设一样,从小报的一些主人手里转到另一些主人那里。

恢复国籍一事自然遭到了拒绝,因为政府害怕伟大的革命者返回祖国。"到亲爱的祖国去"——马克思想起了席勒在《威廉·退尔》中的诗句。不,这已经不是那样亲爱的祖国了,到那里去也已经不是那样欢愉了……他可以完全坦荡地向亲近的友人这样承认:

"德国是一个最好不要在那里生活的美妙的国度。至于我,要是我完全自由,而且又没有某种可以称做'政治良心'的东西驱使我,那

---

① 《马克思恩格斯全集》第1版第30卷,第588页。
② 同上书,第169页。
③ 同上书,第163页。

我决不会离开英国而去德国，更不会去普鲁士，而且无论如何不会去这个可怕的柏林，不管它有什么'沙土'①、'教育'和'最聪明的人'。"在柏林，凡是有点血气，因而可能感到沮丧的人……都非常渴望有人同他们共患难。

---

① 柏林位于沙土壤很多的勃兰登堡省的中央。

您能原谅的缺点——轻信

这听起来仿佛有点意外,因为与"马克思的风格"不相符合。须知,作为学者,他信奉符合实际的真理;作为革命家,他与哄骗轻信的公众的"卑鄙政客"进行过毕生的斗争。可是,如果这类轻信并不造成政治灾难的危害,而不过是天才人物的幼稚的弱点,那他看来是准备原谅这种缺点的。

马克思的朋友中间有不少诗人,而诗人,大家都知道,是一些轻信的人。为了生存他们需要奉承,大大的奉承。恩格斯曾为此相当刻薄地嘲弄过斐迪南·弗莱里格拉特:"诗人的妻子总是梦想人们天天把她的高尚的天才的斐迪南、她自己、她的有趣的后裔、她的猫、狗、兔子、金丝雀和其他寄生虫奉献给读者,并且这一切还要蒙上五彩焰火的光辉、温情和浪漫的谎言。而诗人的妻子想要的,诗人先生也一定想要,何况夫人对他说的正是他心灵深处的东西。……"①

在这些诗友和战友当中,马克思尤其敬重伟大的亨利希·海涅。他们相交10余年,虽然同处一起不过几个月的时日,但这对于知心之交已是十分裕如了。有一次海涅曾指出:"我们之间无须多少接触,便能相互了解。"

他们是在1843年的秋天在巴黎相遇的。当时马克思刚离开祖国,

---

① 《马克思恩格斯全集》第1版第29卷,第621—622页。

两人真可谓一见如故。那么究竟是什么使他们如此相投的呢？

是命运相似吗？莱茵的乡土情谊、早年的贫困、求知的欲望和对于效劳之探索、祖国的暴戾、被迫无奈的流亡……

或者是对于诗作的爱好？我们不晓得海涅是否知道马克思作诗的尝试，但他对卡尔的志趣十分广泛是深信不疑的，他们两人可以连续几个小时兴致勃勃地琢磨润色四行诗的一个对句。

或者是对于生活目标的理解相仿？两人相差20来岁，当特里尔年轻的革命思想家刚刚步上宽广的政治舞台的时候，杜塞尔多夫47岁的诗人已经稳稳地登上了歌德去世后德国诗坛的主帅宝座，——此时，他的诗才已经结束了从《诗歌集》到《新春集》的光荣历程，而抵达到《一个冬天的童话》的酝酿时期。马克思能够以年轻人的热情去支持海涅那扶摇万里的诗篇。诗人则谦逊地作为一名学生去聆听自己这位青年朋友的哲学讲座……

有时候，评论界恶毒的或者无知的箭矢突然击伤了海涅，这位易怒的抒情诗人深感痛苦，此时，无论是年龄的差异也罢，载誉全欧的地位也罢，都不能阻拦他到马克思家中寻求慰藉和庇袒。有人说，海涅是第一个成为他自己极妙地提炼成的那种武器——威逼蚩人、刀光闪闪的讥讽揶揄之术的牺牲品。照他的说法，在那肮脏不堪的买卖人时代，佩上它比之身挂长剑要好得多。懊伤的海涅常常是满眼噙着泪水到马克思家里去的，在这种情形下马克思就让他去找燕妮，她的谈话往往是治愈沮丧的一剂良药。

伟大的哲学家和伟大的诗人相互启迪智慧的过往，发生在海涅已经创作了光辉典范的社会抒情诗的时候。"一代诗作"确实反映了时代精神，革命斗争风起云涌的精神，无产阶级觉醒的精神。"我是剑！我是火焰！"——诗人在他的《颂歌》中写道，尽管在颂歌的战斗的字里行间依然听得见青年人的浪漫主义的回声。

他在马克思周围的人士中常常听到："把那无休止的爱情的哀诉最

后放弃吧。给那些政治抒情诗人指点指点,怎样才能真正做到这件事——用鞭子!"

于是,海涅拿起了鞭子。现在读者看到他的真实面貌了。"我的新诗,完全是新颖的体裁,这是改写成诗的游记画幅;比之以政治为题材的拙劣的押韵怨言来,它们将具有更高的政治气息。"现在该轮到他自己去教诲那些安闲恬逸的朗诵演员学习阶级斗争的语言了。

当西里西亚爆发起义①的时候,一曲和谐的二重奏响彻大地,一则是析理性很强的马克思的文章,另一则是海涅的诗篇。他们的旋律雄浑坚定,那是编织古老德国寿衣②的手和机器的旋律。正是由于同马克思的直接相处,并在他的良好的影响下,海涅才创作了他的那首最杰出的诗篇,那首十分重要的政治抒情杰作《德国——一个冬天的童话》,在这首诗中他"以最大胆、最突出的手法反映了德国当时……的一切纷扰",并预言即将来临的变革。无产阶级未来的领袖握有一切根据声称,"德国当代最杰出的诗人亨利希·海涅也参加了我们的队伍",他写出了"宣传社会主义的"诗作③。

但是,海涅最终也未能透彻地理解社会主义学说的真正实质。从他内心深处,从古老的生活篇章中引发出来的那些罗曼蒂克的遐想,使他迷蒙;正由于他接受了虔诚的"原始传教士们"那些阴惨惨的童话,像

---

① 西里西亚起义:1844年6月4日—6日西里西亚纺织工人举行起义,工人们捣毁工厂,破坏机器。运动遭到政府军队的残酷镇压。这是德国无产阶级和资产阶级之间第一次大规模的阶级搏斗。
② 1844年7月10日海涅在《前进报》(《vorwärts》)发表了《西里西亚之歌》一诗。他以非凡的力量描绘了备受压迫的织工的贫困和愤怒情绪。诗中写道:
　　在他们悲愤的眼里不见一滴泪珠,
　　他们坐在织机旁,绝望的愤怒呈现在脸上。
　　我们已饱经折磨和冻饿;
　　古老的德意志呵,我们在为你织着寿衣,
　　把三个诅咒织在寿衣上。
　　我们织啊,织啊!
③ 《马克思恩格斯全集》第1版第2卷,第591页。

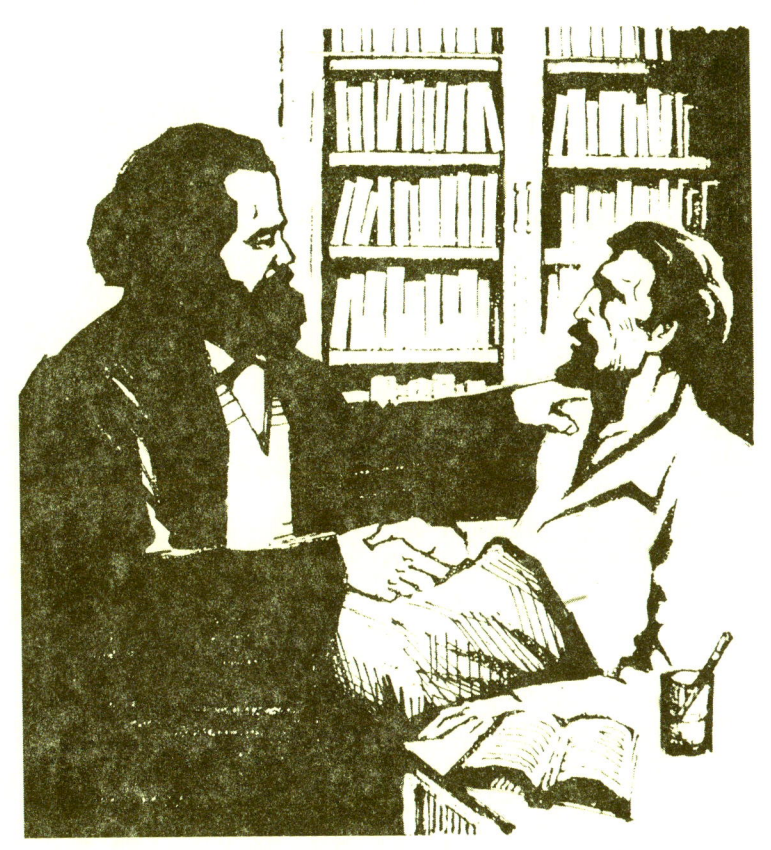

您能原谅的缺点——轻信

魏特林谈残暴的、愚钝的军事共产主义那样，使他染上了轻信。显然，诗人已经明了哲学的抽象论理语言所议论的是什么内容，他已屈从于热烈的、然而也是悲哀的幻想的权势，这种幻想的结果后来由他的《自白》吐露了出来。

诗人说："我怀着无限的恐惧和哀怨承认，未来是属于共产主义者的，唉！这决不是假装的。确实，每当我一想到这些阴郁的圣像破坏者取得政权的这样一个时候，我就只能感到憎恶和恐惧，因为那时他们会用粗糙的手无情地摧毁一切我所心爱的美丽的大理石像；他们会打碎诗人所喜爱的一切珍奇的玩物和精巧的艺术品；他们会摧毁我的月桂树丛并将在那里种植土豆；不劳动也不纺线，却依然穿戴得像一位盛装的所罗门王一样华丽的百合花，将会被人们从社会的土地上拔掉，除非它把纺锤拿起来；玫瑰花，夜莺的这些闲散的新娘将会遭到同样的命运；夜莺，这些无用的歌手，将被赶走。唉！杂货商人将会用我的《诗歌集》做包装口袋，用来给未来的老太婆装咖啡和鼻烟。唉！我预见到所有这一切，而每当我想到胜利的无产阶级会毁掉我的诗篇，而我的诗篇将随着旧日的浪漫世界一道消失，我就陷入一种难言的悲哀。但是我仍然应当老实承认，正是这个对我的趣味和爱好如此敌视的共产主义，依然以它的魔力抓住了我的心灵，使我无法摆脱……"

马克思一直想使诗人摆脱无谓的忧患，以人道主义的理想，以创造真正的人类的珍品去鼓励他。当他们在巴黎的冬天的神话猝然中止——必须分手离别的时刻，马克思感到深深的悲怆。马克思对诗人这样说："要离别的人们中间，同海涅离别对我来说是最难受的。我很想把您一起带走。"[①]

伟大的诗人还有一个特点，或者可以说是宗教般地轻信。不，他从来也不曾感觉过自己是上苍的奴隶，他对神以"你"相称，但有时也

---

① 《马克思恩格斯全集》第 1 版第 27 卷，第 457 页。

会跟神撒撒娇，也许是出于过度的激昂，也许是为了防患于万一。

他初次接受无神论还是在柏林上大学的时代，50岁的黑格尔给他上的第一课。他记得非常清楚，那是在一个美丽的满天星斗的夜晚，在开着的窗户跟前的一次单独的谈话。22岁的年轻人已经用过丰盛的晚餐，喝过咖啡，他很想使科学巨人振作一下。海涅深沉地叹着气谈论着星星，把它们称做"快乐人的归宿之地"。老师在鼻子里哼了哼：

"星星，哼！星星不过是天上发亮的颗粒罢了！"

"我的上帝呀！这么说，那边，天上，没有什么快乐的天堂了。那我们做了好事死后该到哪里去领赏呀？"

黑格尔的一双无色的眼睛盯住了年轻人，生硬地答道：

"喔，原来因为你服侍了生病的母亲，因为你没有去毒杀亲生兄弟，你就想得到一盏茶喝吗？"黑格尔说这番话时畏惧地朝四周张望一阵。

热爱生活的年轻人不乐意在抽象思维方面耗费精力，不经任何检查就全盘接受了黑格尔学说的综合法，尤其是这一学说的结论显然能使他的虚荣心得到满足。

海涅回忆道："当我从黑格尔那里得知，上帝并不是如我的祖母所想象的那个高踞于天上的神，而我本身在此间，在地上就是这个上帝神。那时高傲的我十分欢悦。但这种愚蠢的傲气对我的感情根本没有发生什么危害，相反它使我的感情升华到了英雄主义的程度，那时候我表现得如此豁达大度，如此富于自我牺牲精神，以致使那些光荣的德行、市侩的最光辉灿烂的功勋大为逊色，因为他们所以如是行事只是出于责任感，他们所遵循的无非是道德的准则罢了。而我本身现在便是活生生的道德准则，是一切真理和一切法的溯源。我是道义的始祖，我是绝对正确的，我是纯洁的化身……"

后来，当他成为巴黎人之后，更确切些说，正如他自己有一次曾表达过的，成为一个"被流放到讲另一种语言的国度里去的"流亡者之后,他的理智和心灵整个儿湮没在圣西门主义之中了。对于"躯体解放"的赞扬看来充分地体现了他的缪斯的哲学。现在不仅旧约和新约已经一概被推倒,而且还生出了宗教的第三约言。那里没有天主和神主的地位,也无所谓理智所再造的"偶像神",那里只有将人和自然和谐地结合起来的统一的群神像。

当然不应该忘却,当伟大的诗人热衷于所有这些"造神"说的时候,他其实还是一个伟大的反神斗士,无神论的宣传家,教会的揭露者。照马克思的说法,他真的还会医治"宗教便秘症"呢。仅仅他的一篇著名的《辩论》就大大地推动了无神论的进攻势头。

随后他便长年累月地隐身于"被窝墓穴"之中了,脊髓炎缓慢地销蚀着他的身体。当脊髓炎引起的抽搐痛苦地折磨他的时候,信神的思想重又主宰了他的脑海。于是,他的宗教观点发生了新的转折。

他对当时常去探望他的阿尔弗勒德·迈斯纳[①]说:"事实上近来宗教信仰又在我身上苏醒起来了。天知道这是怎么引起的,也不知是吗啡还是糊剂的关系。可这是事实。我居然又相信起偶像神来了!当你疾病缠身,病入膏肓,受到病魔折磨时,你就会产生这种情绪。请你不要以为我这是罪过。多灾多难的德国人民既然可以信奉普鲁士的国王,为什么我就不能信奉一个偶像神呢?我的朋友,请你听我说出一条伟大的真理:什么地方要是人的健康毁坏了,什么地方要是金钱耗尽了,什么地方要是人的正常的判断失去了,那里就一定会到处盛行起宗教迷信来。"

科学共产主义的奠基人则说,不,宗教的一切能耐都已经枯竭了。基督教之后,抽象的宗教之后,"宗教自身"之后,再也不可能出现其他任何形式的宗教了。是的,人应当保护自己,以不受恐惧、疾病、贫困……的羁绊。

---

① 阿尔弗勒德·迈斯纳(1822—1885),德国民主派作家,40年代中是"真正的社会主义"的诗作的代表,后为自由主义者。

"我们认为反对贫困、内心空虚、精神死亡、长时期的蒙蔽的斗争是具有重大意义的；我们要同这一切弊端作殊死的斗争……我们要恢复人由于信奉宗教而失去了的本性。并不是某种神启迪的本性，而是人的本性，这种复苏实际上就是唤醒人们的自我意识。我们要根除一切宣称自己是超人的做法，从而根除虚伪性，因为人和自然成为超人和超自然的风气乃是一切谎言和欺骗的根源。因此，我们也将永远对宗教和宗教意识宣战，我们很少顾忌别人会称我们无神论者或者给我们扣上任何其他的雅号。"

海涅无论如何不能理解，为什么共产主义者会以某种蔑视的态度对待"爱国主义、荣誉和战争"。他本人是在拿破仑荣誉的马镫边出生的，是在"马赛曲"的欢呼声和欧洲胜利者的鼓声的汇合中出生的，是在掷弹兵在革命的旗帜下迈步前进和整个气氛充满着"法兰西自由"的时代出生的，所以他对待这一切的态度迥然不同。

但是，伟大的语言大师用反对加冕和未加冕的君主的武器武装了革命战士，为马克思的战斗时评提供了许多枚极其锋利的箭头，奇怪的是这样的一个人居然会把拿破仑崇奉为神，而且笃诚真挚地信仰"拿破仑辈之复出"。为了强调自己热衷于英雄浪漫的波拿巴主义的严肃性，他还写了不少诗句献给他，还把一册有关拿破仑的书题名为《思想》。在生命的最后几年，诗人一直在为自己的种种幻想探索社会动因，他劝说着，证明着。

海涅：请到省里来走走，跟农民谈谈，那时你就不会笑话我的那些幻想了……群众需要的是共同的、大家能够理解的旗帜。事实上只有拿破仑这面旗帜才是大家所能接受的。对农民来说，宪章的意义是一派巧妙的胡言；农民是只相信他们自己有过实际体验的东西，他们需要的是看得见、摸得着的神。

马克思：但是，要很好地了解我的意思。波拿巴王朝所代表的不是革命的农民，而是保守的农民；不是力求摆脱由小块土地所决定的社会生存条件的农民,而是想巩固这些条件和这种小块土地的农民;不是力求联合城市并以自己的力量去推翻旧制度的农村居民,而是愚蠢地拘守这个旧制度并期待帝国的幽灵来拯救他们和他们的小块土地并赐给他们以特权地位的农村居民。波拿巴王朝所代表的不是农民的开化,而是农民的迷信;不是农民的理智,而是农民的偏见;不是农民的未来,而是农民的过去……①

海涅:我睁大眼睛在梦幻着,而眼睛是看得见的。所缺的只是军号。只要军号声一响,这将立即成为复出的信号,那时候大军的余部连同他们的亲属便会挺起身子高呼"Vive l'empereur!"("皇帝万岁!")

马克思:"法国人在从事于革命的时候,总不能摆脱对拿破仑的追念……由于害怕革命的危险,他们曾经退回去追求埃及的肉锅②,1851年12月2日事件③便是对于这一点的报复。他们所得到的不只是一幅对老拿破仑的漫画,他们得到的是漫画化的老拿破仑本身……"④

……海涅的法兰西"爱国主义"受到犒赏的时候终于来到了:二月革命以后他成了"王朝的退休金领取者",——从基佐内阁的秘密基金中领取津贴,而同时基佐内阁却把他的朋友马克思毫不留情地撵出了巴黎。为了在舆论面前替自己同政府当局的这一令人吃惊的妥协辩解,海涅声称,这津贴不过是"仁慈的资助"罢了,并且还编造说,似乎马克思和他的朋友们都来安慰他,劝他不要拒绝这种善行。马克思对于

---

① 《马克思恩格斯全集》第1版第8卷,第218页。
② 据圣经记载,当被俘的犹太人从埃及逃跑时,其中一些胆怯的人由于道路的艰难和饥饿,开始惋惜他们做奴隶的日子,因为那时他们至少还可以吃饱肚子。于是"惋惜埃及的肉锅"就成了一句谚语。
③ 1851年12月2日事件:1851年12月1日深夜,路易·波拿巴发动政变,秩序党和新山岳党的领袖们被逮捕,波旁宫由军队占领,立法议会被解散。政变以后一年之内形式上还保持了共和国;1852年12月2日,路易·波拿巴就自封为皇帝,称拿破仑三世。
④ 《马克思恩格斯全集》第1版第8卷,第123—124页。

诡谲地利用他的名字感到愤慨……"善良的海涅有意忘却了，我为了有利于他而进行的干预是1843年底的事，显然这与1848年二月革命以后才为人所周知的那些事实是丝毫不相干系的。"但马克思决定宽宏大量地保持沉默，就让他去罢！……

当然，大诗人在对待女性、对待妇女爱情方面的轻信态度也是可以原谅的。是的，他并不是一个追逐女性的人，据他自白，他从未勾引过任何一个姑娘，也未曾去碰过任何一个女人，只要他知道对方已经订了婚的话。但他自以为有许多女人对他恪守着忠贞的爱情。其实，即使有杜塞尔多夫刽子手的少年女儿、红头发的约瑟芬，有堂妹妹、富有的遗产继承人特雷泽，有柏林迷人的女人弗雷杰里卡·罗伯特，有小姨子丘特切娃·克洛季尔达·博特勒以及另外一些缪斯①，如同闯进他的诗歌一般，闯入了他的生活，但也未必就能说他曾真正地得到过幸福。马克思有一次曾经指出，他的那些美妙的爱情诗歌充其量不过是创作想象的产物而已。诗人是很容易信以为真的……甚至在他死前不久，他还在要自己的亲戚和朋友们相信他跟玛蒂尔达是尝到了真正幸福的，说他和她在一起品尝到的"痛苦和欢乐"的混合之情，比之他那敏感的天性所可能容纳下的还要多。实际上，马克思本人便是这幕悲喜剧的见证人。

据弗兰契斯卡·库格曼讲，当马克思前去探望身患重病的海涅的时候，有人正在给海涅重新铺床。诗人那时的病情已十分严重，以至几乎都不能去动弹他了。护士们用床单把他抱上床去。诗人一边欢迎朋友的来到，一边用微弱的声音喊道："亲爱的马克思，你看，女士们总在照管着我呢。"过了一段时间以后，当马克思回忆起这一幕情景以及诗人那位装做悲痛万分的情人时，不得不引用了海涅自己所写的关于女人不

---

① 缪斯是古希腊神话中掌管文艺的女神。

忠的诗篇①。

如果公正地说，我们的缺点乃是我们的优点在一定程度上的继续，那么反证同样也是成立的。在任何情形下，诗人的犹若轻信这样一类缺点肯定是会起到鼓舞作用的，是会激励诗人去建树诗作之功的。

马克思宽容诗人轻信的那些话正是为海涅而发的："诗人是一些古怪的人物，必须容许他们自行其是，而不能用常人或者甚至非常人的尺度去衡量他们。"

---

① 1856年9月22日马克思致恩格斯的信中写道："……关于海涅，我获悉各种各样的细节，这是莱茵哈特在巴黎对我的妻子讲的。……现在只告诉你，
　　'八点钟已若无其事，
　和别人饮酒又作乐。'（海涅：《女人》）
　　——这在他那儿也完全应验了。在出殡的那天，当他的遗体还躺在停尸房里的时候，天使般温柔的玛蒂尔达的情夫已站在门口并真的把她带走了。"

您最厌恶的缺点——逢迎

要深入体会这个激起愤懑的字眼的含义,应当多读几遍《福格特先生》① 或者马克思在五六十年代写给旧大陆和新大陆的信件。某公福格特,悄悄地把自己"空话篓子"的天才,出卖给冒牌波拿巴的一个有天赋的宫廷小丑,披起一身"德国工人"保护者的袈裟,卑鄙地施展阴谋反对马克思和他的共产主义同盟的战友,把他们描绘成阴谋家、教唆犯、警察局的密探,甚至货币伪造者……于是,极其宽宏大度的共产主义勇士②终于决意应战,因为事关他个人的荣誉,事关他的党的荣誉。

可是呀,他是多么不愿意涉足这整个肮脏事件之中,多么不愿意介入一帮匿名作者和马屁精的嘈杂的闹剧,多么不愿意陷进这无耻的上诉诉讼案。为了使整个生命运转得更快,有人竟想一天一夜能有 25 个小时,这岂非梦幻;可在跟杜尔里宫③的走狗争辩一事上却要耗掉他半年的辰光。

然而,真理,党是何等珍惜真理呀!为了"自卫",马克思构思了那部抨击性著作,为我们提供了一幅完整的历史画卷——19 世纪中叶

---

① 福格特是庸俗的民主主义者,波拿巴主义的代理人。1859 年 12 月他出版了一本《我对"总汇报"的诉讼》的小册子,反对马克思及其所领导的无产阶级革命家。《福格特先生》便是马克思对福格特的诽谤性小册子的反击。
② 指马克思。
③ 杜尔里宫是巴黎的王宫,建于 16 世纪。

资产阶级欧洲的一幅画卷。

　　这部抨击性著作的"主角"说起来是非常明确的。在他的胸膛里，"没有信义、忠诚和正直的地位，它只是充满了脏腑和横膈膜。"① 而包庇并唆使福格特们的那股势力，其卑鄙恶劣也是显而易见的。马克思直言不讳地指责美滋滋的受贿人："拍自己上司马屁的人，算不得无畏的好汉。"但是，在无数昙花一现的人物中间也涌现出了这样一些人物，他们身上令人厌恶的缺点竟与鲜明的优点汇聚而浑成了一体。有毒的苔藓在大风暴前的气温中繁衍得特别茂盛。马克思虽然只是瞬息之间感觉到，但却是十分关切地注意着这种类型的"神圣的马屁精"，他仿佛预感到这种人的危险的变态逻辑。被影射人物中再明显不过的一个——斐迪南·拉萨尔竟情不自禁地在这一出人间喜剧的典型人物中寻找着自己。马克思指出："他至少向我问过四次，问我在《福格特先生》中所说的雅科布·维森里斯勒是影射谁。……"② 要是马克思在1861年柏林那个春天以前就知道有关这位"无产阶级的黎塞留"③ 的一切情形的话，那他是会充分发挥他那正处在枯竭之中的讽嘲热情而去满足这种好奇心的，只可惜这一切都是在事隔多年之后才明朗的。

　　……可以说，拉萨尔是从上流社会的丑闻"发迹"的，而且，也还是以上流社会的丑闻了却终生的。在柏林哈茨费尔特家发生不幸的诉讼之前很少有人知道斐迪南·拉萨尔这个人，那时候，他不过是一个从布勒斯劳来的富商的独子而已。无论是双亲的哀求，莱比锡商业学校老师们的耐心教诲，都无法使他留在拉氏家族世袭经营的事业的怀抱之中。他立意丢弃平淡乏味的柜台和枯燥刻板的商业事务所，到布勒斯劳和柏林的大学去施展他那哲学的雄才。随后，他"见识"了巴黎，"结

---

① 莎士比亚《亨利四世》一剧中的台词。
② 《马克思恩格斯全集》第1版第30卷，第166页。
③ 黎塞留（1585—1642），红衣主教，路易十三的宰相，1624年成为法国的实际执政者。

交"上流人士,"沉醉"于甜蜜蜜的预言之中。

返回柏林以后,年轻的拉萨尔想到大学去教书。但一次偶然的相逢完全打乱了他那本来就不甚坚定的生活计划。他遇上了哈茨费尔特伯爵夫人,据当时人们充满友情的见证,那时候伯爵夫人那双眸子还"闪射着炽烈的性欲的光芒"。我们的骑士失魂落魄了:"她的心地是多么善良,她的智慧又是多么深湛,可她的命运呀却是多么不幸。她丈夫艾德蒙·哈茨费尔特,是她的表兄,憎恨她,施用了即使在最不可信的小说里也难以见到的卑鄙手段折磨她,迫害她……"年轻的斐迪南从他身上看到了"早已逝去的生活制度的一切谎言的化身",看到了"滥用权势、实力和财富以压迫弱者的一切劣行的化身"。他探索性地提示自己:既然你已经了解这一切,难道可以设想,听凭人家摧残这个女人,不去帮助她而安然若素吗?倘若你如是作为,那你还有什么权利去指责别人的卑劣行为和利己成性呢?伯爵夫人喜出望外地接受了青年骑士突如其来的援助,虽然那一位在满嘴秉公仗义之词的同时并没有忘却一旦官司有了美满的结局理该得到一整笔巨款的约言。

于是,一场拉萨尔针对哈茨费尔特伯爵的悲喜剧式的诉讼案开台了,这场官司一直打了整整9年。这是对未来的"伟大鼓动家"的"巨大毅力"的第一次考验。他不得不放弃一切科学,专攻法学,而且达到了"疯狂"的程度,他说:"几个月内我就跟律师们并驾齐驱,不出两年,我可以说,我就压过了他们所有的人"。他向民主派的报刊发出呼吁,报界响应他的召唤,猛烈地抨击恶毒的封建分子。"我在社会舆论界打垮了伯爵。"当然,伯爵也不是无所作为的。他的财产,他的社会联系,使他处于法律所不可及的地位。于是,伯爵夫人的律师准备采取不法手段。在友人的帮助下,他企图盗窃伯爵挥霍无度、乱伦淫荡的"法律证据"。可是,迟钝的友人及其同伙落入了警察局之手。一场新的诉讼又开张了……拉萨尔顺利地驳斥了警察局对他盗窃案的控告,在诉讼结案时他兴高采烈地发表了一篇长达六小时的激烈的演说。"我把对我的控告批驳得体无完肤,我披露了伯爵和伯爵夫人之间的敌视关系,我把自己和他们的案件连结了起来,并终于彻底摧垮了伯爵和他的帮手。"陪审法庭作出了无罪的宣判,居民们用双手把我们的英雄从大厅里抬了出来!

不过,他还是从贵族社会轻松的喜剧步上了革命的戏剧舞台。1848年秋,在那些危急的日子里,他重又引起了警察当局的注目——他在杜塞尔多夫被捕了,这会儿的罪过是"号召公民武装反对王国政府"。开审前他被拘留了五个月,然后是陪审法庭开庭审理。又是一篇效果非凡的演说,而这一篇演说,照德摩斯梯尼①再世的崇拜者的话说,乃是"本世纪政治宏论的一个里程碑"。又是一次无罪的判决,尽管拉萨尔"直接攻击了"王国的护卫,说他们是"社会民主共和国最坚定的卫士"。警方出来"修正"陪审法庭的裁决,——决定让他蹲半年班房。

与此同时,伯爵的官司照常在进行中,拉萨尔即使蹲监狱也不辍操劳。1854年8月来临了,他终于胜利地高呼:"我击败了这位身负盛名的贵族。我把他踩到脚下了!我迫使他接受和睦协议的条件对他来说不仅完全是屈辱的,而且简直使他名誉扫地。我把这个女人从他的权势中解救了出来,并且强使他给了她一笔相当可观的财产。"

对伯爵夫人宕及九年的离婚诉讼案,甚至马克思也被迫着表示意见,因为杜塞尔多夫的工人派了莱茵省的社会主义者古斯达夫·勒维到伦敦去拜访他,使命是揭发党"主席"拉萨尔的丑事。他似乎是进行了一场反对社会敌人的"荣誉诉讼",利用了民主力量的全部影响,可结局如何呢?自从伯爵夫人得到她的30万塔勒之后,拉萨尔完全变了样。他居然被伯爵夫人供养起来了。现在他奢侈享乐,纠合"宫廷文化侍从",疏远工人,向贵族血统的代表人物献媚,经常利用党去干私人的肮脏勾当。

---

① 德摩斯梯尼(前384—前322),古希腊的大演说家和政治活动家,奴隶主民主制的拥护者。

杜塞尔多夫的工人确信：不是拉萨尔法律上的洞察力，而是最平庸的阴谋，使这一诉讼得到意外的结局。他们都知道，在诉讼过程中他对伯爵这个下流胚进行敲诈，对检察官进行贿赂。阴谋的同伙人——伯爵的代理人没有从他那里拿到一万塔勒①……他还跟一个叫朔伊埃尔的人在交易所里合伙搞投机。他们失败了。朔伊埃尔破了产。拉萨尔打赢了官司，可他并不认为有责任帮同伙一把。他还公开嘲弄人家，说是"法典第六条禁止搞外国证券投机"。

马克思对"流言飞语"一向不轻易相信，但在经过一番非常细致的"了解"以后，他把这一极其卑劣的情形详尽地写信告诉了朋友②，并慎重而明确地表示："我认为，他们（工人）说得对。"恩格斯也是这样认为的，也是这样率直地作了评断，也是这样牵挂着这件事的：

"这个家伙由于很有才华而倒霉，但是这些行为也太不像话了……他总打算以党作幌子利用一切人以达到自己的私人目的。其次，力图挤入上流社会，得到显赫的地位，哪怕用各种化妆品来修饰龌龊的布勒斯劳的犹太人的外表，——这始终是令人生厌的。不过所有这一切都只能使人们必须对他进行严密的监视。但是，如果他干出直接引起脱离党的这类事情来，那么我决不责怪杜塞尔多夫工人这样恨他……哈茨费尔特和30万塔勒的事对我来说完全是新闻……"③

当然，正如他的言行所证明的，拉萨尔是仰仗伯爵夫人的鼻息而享受着骄奢生活的。他以猎奇为消遣，到处旅游逛荡，但也并不忽视对社会思想各种表现的观察。他竭力吹嘘自己对马克思主义的忠诚，千方百

---

① 哈茨费尔特伯爵的代理人施托库姆跟伯爵吵翻了。他给拉萨尔透露，他手中有一批文件，可以使伯爵带上镣铐。拉萨尔答应给他一万塔勒。于是拉萨尔把有损伯爵名誉的文件交给了伯爵，换取伯爵在跟他夫人的和睦协议上的签字，并撤回了对伯爵的起诉书。这一诉讼结束以后拉萨尔没有把这一万塔勒付给施托库姆。

② 指恩格斯。

③ 《马克思恩格斯全集》第1版第29卷，第32—33页。

计想保住一个"危险的革命家"的声誉。马克思指出:"他是地道的'智者埃夫拉伊姆',他会不惜任何代价同我们站在一起……"①

你看,他是多么聪明伶俐,又是多么精明强干:他知道,该怎样随着时代精神而沉浮尘世,该怎样去迎合社会风尚的主流,又该怎样去趋附权威人士。应当具有渊博的知识,崇尚科学的急进主义——你看,即使用他在大学念书时信手写成的那些哲学闲赋也能搞出巍峨的巨著。一部"以新收集到的材料为基础,并参照古老的资料以证明的爱菲斯的晦涩哲人赫拉克利特的哲学"② 不是出笼了吗?他不得已而谈论着自己……

诚然,有许多学者在"谈话"中指责拉萨尔,说他在这部著作中过于"黑格尔化"了,因而塑造的赫拉克利特的形象并不完全真实,这位哲学家也实在复杂,否则又如何称他为晦涩哲人呢?拉萨尔争辩说,思想并非他物,乃"历史的产物",而哲学史则是"思想自我发展的连续过程之描述"。当拉萨尔还在学校里徒劳地攻读着商业秘诀的时候,马克思早已坚定地驳倒了空想学说,提出了有关人类历史和社会思想发展的完全合乎逻辑的唯物主义观点。从32岁的拉萨尔那里得到这样的"礼品",还带着各种各样自我标榜的通告,这算是怎么一回事呢!

马克思感到发愁,"我该怎样对待这个家伙?"他对恩格斯说:"要不要回信?这个家伙拼命追求荣誉,无缘无故写了七十五印张希腊哲学,他这种可笑的虚荣心会使你发笑。""威武的拉萨尔开始搞起哲学,搞起赫拉克利特来了,就像搞哈茨费尔特的官司那样,而且,如果相信他的话,他的这场'官司'最终是打赢了。看来,老头儿们——语文学家和黑格尔派——确是因能再看到这过去时代遗下的花朵而感到惊

---

① 《马克思恩格斯全集》第1版第29卷,第387页。
② 指拉萨尔的《爱菲斯的晦涩哲人赫拉克利特的哲学》。赫拉克利特是古希腊唯物主义哲学家,辩证法奠基人之一。

奇。但我们总是要亲自看看这个东西,虽然这是匹赠送的马,也得仔细看一看他的牙口,——当然要有一个明确的条件,即赫拉克利特不发出大蒜的气味。你可以想象一下,这家伙怎样在柏林的大街上摇来摆去……像孔雀那样翘起尾巴,迈一步,停一停,咬紧嘴唇,带着一种'政治的目光',好像在说:'这就是写《赫拉克利特》的人'。"①

在哲学论文之后跟着又出了历史剧,《赫拉克利特》在荣誉台上换成了《弗兰茨·冯·济金根》②。剧本没有什么艺术特色,戏迷们议论纷纷,但倒是提供了"研究剧作者心理的最充分的根据"。同时,拉萨尔本人也不坚持说它有什么艺术特色。他承认:"我不具备诗人的想象力,我的剧本更多的是革命激情的产物,而不是诗人天赋的产物,我所写的剧本常常只是以各种不同的形式,用各种不同的名字表达出这种激奋之情罢了。"

自然,初出茅庐的剧作家急于得到马克思权威性的支持,他给马克思寄去手稿,写了好几封信,假情假意地一再表示请马克思对剧本给予认真的批评。恩格斯生气地说:

"我要是处在你的地位,就……要直截了当地问他,莱茵、特别是杜塞尔多夫工人运动的情况怎样……"③

"阐释"了晦涩的赫拉克利特,复现了路德派骑士和闵采尔④式的平民的剧本之后,我们这位万能的天才转而替身患慢性病的欧洲开起处方来了——1859年春天出版了他的一本小册子《意大利战争和普鲁士的任务》。他标榜拿破仑三世在意大利的反革命使命是"一桩文明而高

---

① 《马克思恩格斯全集》第1版第29卷,第127—128、228页。
② 拉萨尔这个剧本描写的是德国骑士济金根发动骑士贵族起义及其失败的故事。拉萨尔通过这一剧本美化贵族和资产阶级,否定无产阶级和农民在德国革命和统一中的作用,宣传在普鲁士领导下通过王朝战争统一德国的主张。
③ 《马克思恩格斯全集》第1版第29卷,第129页。
④ 闵采尔是德国革命家,宣传空想平均共产主义的思想。马丁·路德则是惧怕人民运动的德国中产阶级的思想家。

度民主的事业";他热情支持在普鲁士君主庇护下德国王朝统一的计划;其所作所为活像波拿巴主义的一名勤勉的辩护人。马克思认为拉萨尔的这一表现实是犯了"大大的错误",恩格斯则在揭露拉萨尔策略的谄媚性质时,称他为"普鲁士王国的宫廷民主人士"。

当《资本论》已经在誊清的时候,新的灵感忽又"显神"于拉萨尔的头脑之中,他又准备为世界提供政治经济学的"治本妙方"来了。

马克思讥讽地说道:"伊戚希①的确可笑,'他的'政治经济学居然已经完成了。可是,从他迄今所写的一切东西看来,他只是个大言不惭地、喋喋不休地把一些原理当做最新发现奉献给世人的中学预科学生,这些原理我们早在20年前就已经交给我们的拥护者像辅币②一样流通,并且成效比这要大上10倍。就是这位伊戚希把我们党20年之久的排泄物收集在他的肥料厂,准备给世界历史施肥。"③

当马克思以客人身份回到并不那么亲爱的祖国的那年春天,他无意中发现"革命男爵"斐迪南·拉萨尔周旋于上流社会之中,他对最高当局卑躬屈膝,在"投机圈内"穿梭不息,满口雌黄,纠缠无止,种种丑态,不一而足。马克思不无欢欣地同拉萨尔道别,但一年之后又不无苦恼地与他重新相见。

1862年7月,拉萨尔跟伯爵夫人在阳光灿烂的意大利作过令人陶醉的周游之后到伦敦参观世界博览会,实际上他成了马克思家里的常客。

马克思失望地感叹:"一年不见,他完全发疯了。……他现在深信他不仅是最伟大的学者,最深刻的思想家,最有天才的研究家等等,而且是唐璜④和革命的红衣主教黎塞留。……"⑤

---

① 即拉萨尔。
② 辅币是为辅助本位货币而发行的币值小的货币。
③ 《马克思恩格斯全集》第1版第30卷,第364页。
④ 唐璜是莫扎特的同名歌剧中的主角。
⑤ 《马克思恩格斯全集》第1版第30卷,第260页。

用假装激动的声音不断地唠唠叨叨，装腔作势地做出各种动作来引人注意，讲起话来带着教训人的腔调，示意他手中握有天大的机密。不用说，他在意大利"曾经向加里波第进过极其重要的忠告"，而加里波第现在马上可以"宣布自己是独裁者"。当马克思和燕妮揶揄他，取笑他，并嘲弄他是"开明的波拿巴主义者"的时候，拉萨尔很不高兴。

马克思在给恩格斯描述这些喜剧场面时，写道："他可发火了。他大嚷大叫、暴跳如雷，最后则确信，我太'抽象'，不懂政治。……"①"你只要来这里住上几天，就会有一年的笑料。……"②

当拉萨尔因虚荣而爆发的怒气消停下来的时刻，马克思能即时捉住他准备在德国开展大规模鼓动的纲领的"最新观点"。照拉萨尔的想法，工人应当通过取得普选权和在容克国家协助下成立生产合作社的途径达到自身的社会解放。他用天主教、宪章运动③、小资产阶级的社会主义调和而成的思想意识的鸡尾酒叫人喝了只能引起头痛，只能使人产生对于没有革命的阶级斗争的社会主义的庸俗的幻想……马克思警告德国党内的同志：要避免和拉萨尔过于亲密的往来，提醒他们不要发表有利于拉萨尔的公开讲演。

1864年春，检察机关根据拉萨尔的《告柏林工人书》对他提起公诉，指控他犯有"叛国罪"，指控他企图推翻宪法；这毫不足怪，后来还是作出了无罪的判决。传记作家们说："拉萨尔的辩护词，一如既往，总是非常出色，非常机敏的。"但也有一些"有损于社会民主党工人联合会主席身份"的地方使他们感到困窘……确实有些使人惊讶的东西。就让我们来听一下"伟大的革命家"对王国检察官讲了一通什

---

① 《马克思恩格斯全集》第1版第30卷，第261页。
② 同上书，第262页。
③ 宪章运动是19世纪30至50年代中期英国工人的政治运动，其口号是争取普选权和一系列工人权利，实行人民宪章。列宁认为，宪章运动是"世界上第一次广泛的、真正群众性的、政治性的革命运动"。

么罢:

"先生们,我要对你们直说,我不仅去想推翻宪法,不出一年,我就能把它推翻掉!怎么样呀?而且做到这一点不用流一滴血,也不用紧握拳头搞暴力!很可能还用不到一年就会完全和平地恩赐给我们直接的普选权……"

这样的远见有什么根据吗?谁也说不上来,也许王国的检察官们曾经有所风闻?就在这一时期拉萨尔同俾斯麦之间的信任关系正在顺利地发展着。从几十年后才发现的他们之间的通信中可以看出,两人曾有过几番卓有成效的会见,"工人独裁者"曾向容克地主的头子保证选举时积极支持反对进步自由党人的做法,而俾斯麦只是含混地允诺将按实行普选权的方针办事。

请看拉萨尔政治上巴结逢迎的样本:他给俾斯麦写道,"如果说,王国从自身的角度出发,一旦能下决心迈出,当然啰,很少可能的一步,比如说,如果它能够真正以革命的方式前进一步,从特权等级的君主国变为社会革命的君主国……工人等级是想……看到王国成为唯一的社会专政的执掌者的……"

当拉萨尔在世时,马克思和恩格斯并不知道这一卑鄙的勾当。但是,当他们预见到拉萨尔将在政治上和道德上堕落下去时,就同他彻底地决裂了。

后来,马克思给库格曼解释说:"在他从事鼓动的时期,我们的关系已经断绝了,这是:(1)由于他大肆自我吹嘘,甚至还把从我和其他人的著作里无耻地剽窃去的东西也拿来吹嘘;(2)因为我坚决**谴责**了他的**政治**策略;(3)因为早在他开始进行鼓动**以前**,我在伦敦这里就向他详细解释和'证明'过:认为'**普鲁士国家**'会实行直接的**社会主义**干涉,那是荒谬的。他在给我的信……中像同我会面时一样,老说他是拥护我所代表的党的。但是,一当他在伦敦(1862年底)确信他**对**我不能施展他的伎俩,他就立即以'工人独裁者'的身份来**反对**

我和旧的党。"①

拉萨尔死后，当秘密越来越明朗化时，"高尚的拉萨尔"渐渐地显出了普通坏蛋的原形。马克思说："主观上他从虚荣心出发认为事情可以这样办，而客观上这却是卑鄙的行为，是为普鲁士人的利益而背叛整个工人运动。"②

1864年5月的头几天，拉萨尔在德国各地进行最后一次鼓动旅行，目的是想"从人民热情的浪潮中汲取力量"。他陶醉于一片凯旋声中。他兴高采烈地告诉伯爵夫人："我还从未见过类似的场面，这当然不是指党所举行的盛会。全体人民都沉浸在非言语所能形容的欢跃之中。我常常想，这种情形恐怕只有在出现新的宗教时才会发生……"

可是，三个月后，八月末，他却为一个金黄色头发的达那厄③而去决斗……

有个时候，为了某件事故，"革命男爵"曾探问过马克思，共产党人对决斗应持怎样的原则观点。

马克思答道："决斗本身是不合理的，这是毫无疑问的。它是前一个文化阶段的残余，这也是毫无疑问的。但是，**资产阶级**社会的片面性造成这样的结果：与这个社会相对立，个人权利有时以封建的形式被巩固下来……如果由于顾及所谓的'社会舆论'而去决斗，那决斗始终是滑稽剧……我们党必须坚决反对这些等级制的礼节并以无礼的嘲笑来回答那种强求服从这些礼节的无耻要求。现在是一个严重的时期，不能采取这种幼稚的行动。……"④

拉萨尔未能超脱于滑稽剧之外——跟某个罗马尼亚的伪国君⑤的一

---

① 《马克思恩格斯全集》第1版第31卷，第454页。
② 同上书，第148页。
③ 达那厄，希腊神话中阿耳戈斯王阿克里西俄斯的女儿。此处意即为美女而决斗。
④ 《马克思恩格斯全集》第1版第29卷，第542—543页。
⑤ 指扬科·腊科维茨。

场决斗断送了他的性命。

一段庸俗的恋爱史。祸首是瓦拉几亚公使的女儿①。拉萨尔打算结婚。早先的未婚夫（那位伪国君）从柏林来了，要求作出解释，写信互相指责，进而提出决斗。一切都是本着等级制的礼节进行的。拉萨尔的监场人吕斯托夫上校和贝特伦伯爵把他作为目标安在界线一侧。子弹击中了腹部。临死前他躺在"维多利亚"旅馆里口授了遗嘱……在布勒斯劳犹太人墓地上，拉萨尔的墓前竖立着一块大理石碑，上面刻着意味深长的碑铭："此处安葬着一位凡人思想家和战士斐迪南·拉萨尔。"

但是，拉萨尔的影响，即拉萨尔主义并未消逝。当然，谁也不否认拉萨尔有过一定的历史功绩。马克思同样曾作过高度评价，说拉萨尔"唤醒了已沉睡15年之久的德国工人运动"，但是科学共产主义的奠基人始终认为拉萨尔主义是一种危害。长期以来它一直盗用有益盟友的思想却加以歪曲，表现出对资本阿谀谄媚的工人贵族的心。25年之后，恩格斯不得不回过头来谈"拉萨尔问题"：

"拉萨尔属于历史已有26年了。如果他在非常法②时期没有受到历史的批判，那么现在终于到了必须进行这种批判并弄清拉萨尔对马克思态度的时候了。掩饰拉萨尔的真实面目并把他捧上天的那种神话，绝不能成为党的信条。无论把拉萨尔对运动的功绩评价多么高，他在运动中的历史作用仍然具有两重性。同社会主义者拉萨尔形影不离的是蛊惑家拉萨尔。透过鼓动者和组织者的拉萨尔，到处显露出一个办理过哈茨费尔特诉讼案的律师面孔：在手法上还是那样无耻，还是那样喜欢把一些声名狼藉和卖身求荣的人拉在自己周围，并把他们当做单纯的工具加以使用，然后一脚踢开。1862年以前，他实际上还是一个具有强烈的波拿巴主义倾向的、典型普鲁士式的庸俗民主主义者……由于纯粹个人的

---

① 指巴伐利亚公使的女儿海伦娜·窦尼盖斯。
② 指反社会党人非常法。这是俾斯麦政府在1878年10月制定的，目的是反对社会主义运动和工人运动。

原因，他突然来了个转变，开始了他的鼓动工作。过了还不到两年，他就开始要求工人站到王权方面来反对资产阶级，并且同品质和他相近的俾斯麦勾结在一起，如果他不是侥幸恰好在那时被打死，那就一定会在实际上背叛运动。在拉萨尔的鼓动著作中，从马克思那里抄来的正确的东西和他自己的并且通常是错误的议论混在一起，二者几乎不可能区分开来。由于马克思的批判而感到自己受了伤害的那一部分工人，只了解拉萨尔两年的鼓动工作，而且还是戴着玫瑰色眼镜来看他的鼓动工作的。但是在这种偏见面前，历史的批判是不能永远保持毕恭毕敬的姿态的。……"①

恩格斯认为应当一劳永逸地肃清有关拉萨尔的神话。

---

① 《马克思恩格斯选集》第4卷，人民出版社1995年版，第707—708页。

您讨厌的人——马丁·塔珀①

说实在的,马丁·塔珀这个名字在自白调查表里出现,似乎出人意料,迷惑不解,这很自然。时至今日,连英国文学史专家们都很少提及马丁·塔珀。而谁知,这位却是在旧大陆和新大陆②上风靡一时的屠格涅夫和托尔斯泰时代的"诗坛名人"。虽说马克思为了自己的主要著作,牺牲了"健康、幸福和家庭",《资本论》第一版勉强才印了一千册,可是,塔珀那本充满了空洞乏味、庸俗不堪的诗文集子——《谚语哲学》③,印数却前所未闻,高达上百万册,超出《资本论》千倍之多!马克思诙谐地说,多年心血换来的这卷书,所得稿费将不够偿付工作时吸烟用去的费用;可塔珀却掉进了钱堆,而且名声显赫。

《谚语哲学》是一本什么高明的书吗?塔珀的这本哲学俏皮话,不过是耶利米·边沁④哲学练习的诗体翻版罢了。那么边沁又是何许人物呢?

18世纪边沁的名字与功利主义的自身含意休戚相关。这位充当自由资产阶级牧师的英国法学家、道德学家把利益和效益的概念——即法国人从拉丁人那里借用来的"功利"一词的概念捧得很高。他维护凶

---

① 马丁·塔珀(1810—1889),英国诗人。
② "旧大陆"指欧亚非三大洲,"新大陆"指美洲。
③ 《谚语哲学》这本书曾发行了大约六十版,仅在美国就销售了一百万册。
④ 耶利米·边沁(1748—1832),英国哲学家,功利主义哲学的创始人。

恶的投机商有自由企业家活动的无限制的权利，赞扬资本主义竞赛的自由，提出为私人所有权服务的法律。而且他伪善地安抚人类，说功利主义的原则将保证"最大多数人们的最大幸福"。

至于狂热的功利主义浸透了这位富有进取的哲学家的血和肉，而且请原谅，还有他的骨头，却说得很少。无论如何，在边沁年近九旬安息之前，却留下有关自己骨骼处理的吩咐——遗嘱把它献给科学。边沁无疑会让塔珀充当遗嘱执行人，如果他知道他们的灵魂是如此相近似的话，但当时，在上个世纪30年代，诗人尚幼，又是个无名之辈。于是这位研究哲学的功利主义者就让40岁的自由贸易主义者约翰·包令担任自己私有遗物的管理人，因为他拥有商人和移民者那种死死咬住的手段，外加上他又和诗神交了朋友。

边沁教会了资产者透过效益和利益来看待自己的全部活动。马克思诙谐地说，他①本人的鼻子，在他打算嗅一嗅之前，应当有任何一种兴趣……功利主义的公式：一切存在的关系都属于利益关系。凡有利益的事，就去干吧……让最大多数人得到最大的幸福……然而那时的人剥削人的关系又作何解释呢？

马克思在《资本论》里很有条理地阐明了这位功利主义者的观点。

"劳动力的买和卖是在流通领域或商品交换领域的界限以内进行的，这个领域确实是天赋人权的真正伊甸园。那里占统治地位的只是自由、平等、所有权和边沁。自由！因为商品例如劳动力的买者和卖者，只取决于自己的自由意志。他们是作为自由的、在法律上平等的人缔结契约的。契约是他们的意志借以得到共同的法律表现的最后结果。平等！因为他们彼此只是作为商品占有者发生关系，用等价物交换等价物。所有权！因为他们都只支配自己的东西。边沁！因为双方都只顾自己。使他们连在一起并发生关系的唯一力量，是他们的利己心，是他们

---

① 系指耶利米·边沁。

的特殊利益,是他们的私人利益。正因为人人只顾自己,谁也不管别人,所以大家都是在事物的前定和谐下,或者说,在全能的神的保佑下,完成着互惠互利、共同有益、全体有利的事业。"①

但马克思让各种人物各就其位:"……原来的货币占有者成了资本家,昂首前行;劳动力所有者作为他的工人,尾随于后。一个笑容满面,雄心勃勃;一个战战兢兢,畏缩不前,像在市场上出卖了自己的皮一样,只有一个前途——让人家来鞣。"②

"边沁式的簿记"不仅在社会学方面进行推算,而且在道德范围,尤其在这个范围内进行推算。这位法学家、道德学家的主要著作《道义学,或称道德的科学》表明,从英国市侩观点出发,凡是那些使满意的总和超过痛苦的总和的行为,就是合乎道德的行为,就算是道德的。他编造这种满意和痛苦的清单,并教人如何平衡这种作为确定行为的道德性。

马克思说:"在任何时代,任何国家里,都不曾有一个哲学家……曾如此沾沾自喜地谈论这些庸俗不堪的东西。……他幼稚而乏味地把现代的市侩,特别是英国的市侩说成是标准的人。凡是对这种古怪的标准人和他的世界有用的东西,本身就是有用的。他还用这种尺度来评价过去、现在和将来。例如基督教是'有用的',因为它对刑法从法律方面所宣判的罪行,从宗教方面严加禁止。艺术批评是'有害的',因为它妨碍贵人们去欣赏马丁·塔珀的作品,如此等等。……如果我有我的朋友亨·海涅那样的勇气,我就要把耶利米先生称为资产阶级蠢才中的一个天才。"③

当然,年迈的功利主义者这本枯燥乏味的《道德簿记学》需要再度修订。于是塔珀就露头了,"资产阶级蠢才中的一个天才"便获得诗

---

① 《资本论》第1卷,人民出版社2004年版,第204—205页。
② 同上书,第205页。
③ 同上书,第704页。

般的翅膀。晦涩的哲学便成了"谚语的哲学"。马克思断言："边沁在哲学家中的地位，就像马丁·塔珀在诗人中的地位一样。"①

马克思的这些话，是他在1865年完成的《资本论》第一卷最后几章中所作的注释，也正值他填写调查表之时，可能塔珀的名字因此而出现。也有可能出现别的名字，但名字本身必定体现出市侩的目光短浅和自满自负的愚昧无知，因为这是马克思一生都蔑视和不倦地提出警告的东西。还在马克思年轻的时候，他就懂得：

"愚昧无知是一股魔力，因而我们担心它还会造成更多的悲剧。难怪最伟大的希腊诗人在以迈锡尼②和忒拜③的王室生活为题材的惊心动魄的悲剧中都把愚昧无知描绘成悲剧的灾星。"塔珀是个地地道道的教父和"头等市侩"的最纯产物，他将成为时代新人空发议论的小市民自满自足的化身，成为具体判断其身份的常用标签。只要马克思把某公戈林比做"马丁·塔珀的幸运崇拜者"加以描述，和他谈话的人立刻会豁然开朗，便了解这个人在社会上和道德上的画像。

我们不去读马丁·塔珀的作品。可我们在这里却提到他的名字。此人居然健在？不是的。这个名字不过是供我们观赏的历史陈列品罢了。假如不去注意他那天才的出奇观点的话，那他早已销声匿迹了。当时海涅在品评莱辛时公正地说了一句话："他杀死了自己的敌人，同时又使他名垂千古。"这句话用在马克思身上也是公正的，他把那个时代极微小的软体动物镶嵌在他的思想浇铸的琥珀里，使其永世长存了。

---

① 《资本论》第1卷，人民出版社2004年版，第704页。
② 迈锡尼系南希腊阿尔戈利斯州的古城，爱琴文化的重要中心。
③ 忒拜，在维奥蒂亚的希腊古城。

您喜欢做的事——啃书本

时常或有时到过马克思在伦敦的工作室的人们,每当他们回忆那里的情景时,当然都提到:图书!窗子的对面和壁炉的两边,装满书籍的书柜从地板直挨到天花板。两张桌子放满了书,壁炉上是书,沙发上是书……没有什么对称,也不讲什么和谐。然而在这个混乱的王国里,是禁止任何人去整理,也就是禁止任何人去破坏统一的有机体的联系。厚本书和小册子,精装本和平装本混杂着放在一起,书中作记号,折书角等……这决非偶然。

图书的主宰①俨然摆出一副威严的姿态说:"它们是我的奴隶,应当按我的意志为我服务。"

有多少那样的奴隶住进他的世界啊,它们一进来,便消失……不,不是无影无踪地消失,正是它们在铺着一条认识之路:像沙子那般一粒一粒地铺着,像台阶那般一阶一阶地铺着。让他的生活史,如他以往所爱那般再现一次吧:靠坐在沙发椅上,深思所走过的路,重又沿着这条阶梯向上攀登,个人的一幕幕往事浮现了出来。

……在柏林的一间学生小屋。月光或烛光下他度过多少不眠之夜,把大自然、艺术、击剑、朋友,都忘在脑后了,只有书没有忘!而且它们根本不是奴隶,是一群狡猾的海怪②;而他也不是它们的主宰,却是

---

① 指马克思。
② 海怪,又可译成塞壬,希腊神话中半人半鸟的女妖。

一位如饥似渴求知的、被真理的旋律所迷住的不知疲倦的旅行者。他在钻研艺术史、法哲学，钻研费希特、康德、黑格尔等的纲要和概念。

他大胆地尝试建立自己的解释世界的哲学辩证法体系，"愿在太阳光下试验珍珠的纯洁"。但思维过程渐渐消失在尚未认识的浓雾之中。在斯劳累河岸边，或在城门外，吸上几口新鲜空气，又重新钻进书海里，立刻又去汲取"那些只是有益的知识"。从他所作的读书笔记里可以看到他所读过的作品：

萨维尼关于占有法的著作；

费尔巴哈和格罗尔曼的刑法；

克拉梅尔著的《论语言的意义》；

缪连布鲁赫著的《罗马法典说》；

温宁－英格海姆的著作；

格拉提安著的《矛盾教规的一致》；

朗切洛蒂著的《原论》；

亚里士多德著的《雄辩术》；

培根·维鲁拉姆著的《论科学的价值和发展》；

列马鲁斯著的《论动物的艺术本能》……

上述所有著作，书上都加了大为有用的旁批："已读过"、"已研究过"、"作了相应的摘要"、"很快乐地深思过"。

不过马克思对所读过的书并未一一进行登录。他贪婪地一卷接着一卷地阅读，选出那些只合自己口味的十分有价值的图书，接着便握笔重读，"顺便把自己的思考记在纸上"。

思考所读过的书和"顺手"写批注，成为马克思与书打交道的一种习惯和必要的准则，是他智力需求素养的写照。由这些批注汇集成的笔记，驰名的马克思《笔记》——则是一个强有力的思想武库，其中以最合理的方式存放着细心精选过的武器，而且武库本身在得到充实的情况下，那些用来作为武装的各式武器，将获有新型装备，具有准确的瞄准和高度击中目标的性能。马克思凝练而成的一本本笔记，只是其思维的核心。正由于他拥有理解智力材料的才能，可以说，是处在很高的水平上，才使他在"笔记阶段"不仅顺利地把所读过的图书进行分析，而且进行了有成果的综合。对马克思来说，笔记——是通往科学发现的可靠桥梁。

我们记得：从学生时期的《伊壁鸠鲁哲学笔记》来看，其中的一半篇幅发展成博士论文。1843年克罗茨纳赫的幸运之夏，马克思又去攻读黑格尔的著作，批判地研究他的《法哲学》，同时又去研究国家理论和国家史，悉心探讨欧美大国的发展之路；仔细研究马基雅弗利的著作，孟德斯鸠和卢梭的创作遗产，沙多勃利昂和麦捷尔的反动浪漫主义理论。《克罗茨纳赫的笔记》——五本写满批注的手稿书——有助于我们看出一条马克思所走过的了解人类历史发展过程的道路。

我们回忆一下马克思博士的巴黎"学期"。全神贯注于阶级斗争、革命史问题的马克思，是在研究雅各宾党人不朽领袖们的著作、国民公会的目睹者和记事栏编辑们的著作之中度过的；他也去了解波旁王朝编年史编者们的作品。他被复杂社会过程中种种推动力的相互作用的秘密迷住了，他着手研究经济理论、经济观点倡导者们——即斯密和李嘉图，萨伊和斯卡尔培克、詹姆斯·穆勒和麦克库洛赫等人的著作。阅读这些人著作留下的不可磨灭的遗迹，就是雅各宾党人的回忆录提纲和经济学哲学手稿。

继巴黎"学期"之后，就是布鲁塞尔"学期"，他以浓厚的兴趣研究空想主义的"新道德世界"的观点，广泛地去注意社会主义者启蒙出版物丛书。最后是伦敦"学期"。这时他已掌握了"极为渊博"的资料；伦敦两三年内的研究，形成多种计划大纲，写成的笔记足有24本。自己的新世界观业已形成，产生马克思主义的最初代表作，建立起无产阶级的战斗队伍，他那源源不断的与书打交道的渴望，非但不减，反而更加强烈。正如后来，过了75年之后，列宁对共青团员所解释的那样，

您喜欢做的事——啃书本

共产主义科学，必须依靠人类在资本主义制度下所获得的那些知识的坚固基础。凡是人类思想所建树的一切，马克思都要去重新探讨，加以批判，并在工人运动中予以检验。

当你了解马克思的"笔记"后就会明白，他把自己的研究、自己的领会组织得多么有条理，又有一定的目的，有方法，又有综合。同时"啃书本"这句话，其中含有多少力量、魅力、忘我精神啊。也许，迷住我们的正是那富有情趣色彩的格言般的佳句吧？不，不仅如此。在他答复的这句话里还有其特殊的含意。

……啃书本。对马克思来说，则意味着要知道一切，从书海里去汲取尚未知晓的一点一滴真理。看来，从古希腊神话和抒情诗到农艺学和数学公式，人类知识的各个领域，无不引起他寻根问底的注意。他涉猎兴趣极广，学识极为渊博，他本身就是一部活生生的百科全书。凡有交情者都可向他提出咨询稀有资料的要求：请告诉我，有没有什么希望从奥顿诺凡版本的《权利全书》中，找到点涉及社会关系方面有用的东西？[①] 因为听取他的建议可避免人为时间上的毫无意义的浪费。他在谈到一位熟人时说，某某"是个很好的青年，他不是没有才能，但是他白白浪费了时间并损坏了自己的脑子，因为他在最近二十年期间，主要是读了这个时期的德国书籍（哲学和其他方面的），这是全部现有书籍中最糟糕的。"[②] 他仿佛认为自己有一定义务：要知道一切，为了成为世界事务中有专门知识的人。

……啃书本。对马克思来说，则意味着在认识过程中进行创造。历史这块沃土播满了人类经验的种子，它们只需要生长。马克思的头脑就充满了能使植物开花结果的阳光，而且是照耀生命成长的充足的明媚之光。……从许许多多杂乱无章的事实、现象、事件、思想之中，天才的人能组织成合乎逻辑的结构，引出规律性，预见到未来。他要把从前所

[①] 参见《马克思恩格斯全集》第1版第32卷，第497页。
[②] 《马克思恩格斯全集》第1版第33卷，第232页。

积累的所有思维方面的著作加以研究，求得有所发现。众所周知，伟大的牛顿由于看见了落下的苹果，便得出万有引力定律，而马克思只是准确、忠实地描绘出社会上种种事实的画面，便能预示世界历史上的决定性的事件。

俄国经济学家瓦西里·瓦西里耶维奇·别尔维①从西部边境到西伯利亚东部，从白海直到里海，游遍了俄国，花费15年的功夫去研究工人阶级的状况。根据他亲身的观察，出版了一本署名弗列罗夫斯基的著作，书内以令人信服的事实材料驳斥了沙皇半官方刊物关于劳动人民状况的传统谎言。马克思着手学习俄语时，借助于字典研究这位"认真的观察家"、公正的批评家弗列罗夫斯基的著作。大约在十月革命前半个世纪，他在致拉法格夫妇的一封长信中深切地说：

"在研究了他的著作之后可以深信，波澜壮阔的社会革命在俄国是不可避免的，并在日益临近，自然是具有同俄国当前发展水平相应的初级形式。这是好消息。"②

在那些书径小路上，他接二连三地穿梭不止，从未丧失新鲜的感觉，一直在孜孜不倦地发现。大学毕业后又过了20年，在克罗茨纳赫之后又过了15年，他重新阅读一些古典的哲学著作，又被新思想之火点燃起来。"完全由于偶然的机会——弗莱里格拉特发现了几卷原为巴枯宁所有的黑格尔著作，并把它们当做礼物送给了我，——我又把黑格尔的《逻辑学》浏览了一遍，这在材料加工的方法上帮了我很大的忙。如果以后再有功夫做这类工作的话，我很愿意用两三个印张把黑格尔所发现、但同时又加以神秘化的方法中所存在的**合理的东西**阐述一番，使一般人都能够理解。"③

---

① 别尔维-弗列罗夫斯基（1829—1918），俄国社会学家、经济学家。19世纪60年代社会运动的参加者。著有《俄国工人阶级的状况》、《社会科学入门》等书。
② 《马克思恩格斯全集》第1版第32卷，第646页。
③ 《马克思恩格斯全集》第1版第29卷，第250页。

……啃书本。对马克思来说,意味着是他繁重的"两班"工作日的短暂停顿,在"为了休息而读书"的书页中间找到避难所。熟知他的人都证明,他是一个小说爱好者。一旦拿起查理·利弗尔,或者是大仲马,瓦尔特·司各脱,或者保尔德·科克的作品,或者一般"杂著",便爱不释手,在工作室的沙发上贪婪地读起来。大脑休息了,仿佛只是感觉在接受似的。然而这些轻松的读物、惊险小说、幽默故事,必定在后来的文章的某一处,作为佳肴的一种好调料反映出来。

……啃书本。对马克思来说,意味着能解除各种痛苦。他把图书称为自己的奴隶,但他本身又是被它们征服的奴隶,因为离开图书,丧失工作能力,自己则认为是被判了死刑。图书对他的医治胜过一切医生。

"在这一段完全不能工作的时期里,我读了**卡本特尔**的《生理学》、**洛德**的《生理学》、**克利克尔**的《组织学》、**施普尔茨海姆**的《脑和神经系统的解剖学》以及施旺和施莱登关于细胞的著作。……"①

图书能使马克思在富有戏剧性的生活本身恢复精神上的平静。……60年代晚秋,整个日常生活上的杂乱现象加剧,维护党的荣誉要同卖身投靠的福格特先生大战,同以往的朋友们那种不乐意的纠纷,家中的不幸——妻子染上了天花,把孩子们从家里弄走,一种可怕的病……而就在这个时期,马克思还在钻研数学书籍。

"我能用来使心灵保持必要平静的唯一事情,就是数学。"②

后来,马克思的数学手稿意外地诞生了,恩格斯拿到这份手稿后,抑制不住内心的兴奋,写道:"昨天,我终于鼓起勇气,没用参考书便研究了你的数学手稿,我高兴地看到,我用不着其他书籍。为此我向你

---

① 《马克思恩格斯全集》第1版第30卷,第410页。
② 同上书,第113页。

祝贺。事情是这样清楚……"① 而在两页数学的十四行诗② $\frac{dy}{dx} = \frac{0}{0}$ 之后又补充道："这件事引起我极大的兴趣，以致我不仅考虑了一整天，而且做梦也在考虑它：昨天晚上我梦见我把自己的领扣交给一个青年人去求微分，而他拿着领扣溜掉了。"③

马克思阅读数学竟然能用来作为自我诊断。到了晚年，同全家一起到海边去疗养，他总想快些回去工作，时常用阅读数学来检查自己的头痛不痛："昨天，我试着看了一下我带去的数学笔记，但必须很快停下这种过早的工作，尽管这对我来说只是去试一试。"

顺便谈谈家庭。它是否能从摩尔十分强烈的爱好中受到更大的熏陶，在那些图书——奴隶独占统治地位的气氛中持何态度？以"您喜爱做的事"为例。

"阅读"，这是马克思的大女儿，继母亲之后第二个担任《资本论》作者秘书的女儿燕妮的回答。

"阅读"，马克思的秘书、图书管理员劳拉重复着说。

"体操"，爱琳娜这样认为，源于她沉湎于自己童年对舞台的一些梦幻。

"缝纫"，"妈咪"④谦逊地说，她那时无论如何也脱离不开这个家的主要家务，因为家里已有两个女儿要出嫁了。

说到燕妮，娘家姓冯·威斯特华伦，她智慧超群，博学多识，文学造诣很深，博得欧洲诗人和哲学家的敬慕。至于说到9岁的爱琳娜的爱

---

① 《马克思恩格斯全集》第1版第35卷，第21页。
② 这是恩格斯读了马克思的"数学手稿"之后，用形象的语言来赞美数学。在恩格斯看来，数学如十四行诗般那么格律严谨，韵味无穷，读起来也是那么美妙。（十四行诗是欧洲一种抒情诗体，由两节四行诗两节三行诗组成，格律严谨、音节整齐，并讲求韵律，与中国的格律诗相似。）
③ 《马克思恩格斯全集》第1版第35卷，第23页。
④ "妈咪"，指马克思夫人燕妮。马克思的女儿们都喜欢把自己的妈妈叫做"妈咪"。

好,放心吧,她自然会谈到爱书的。因此她深受马克思的爱戴(这是大家有目共睹的)。爱琳娜特别爱听马克思讲故事,他是一部"活书",听他讲书比自己阅读还有趣。爱琳娜记忆中他讲的第一个口头故事,就是叙述一个名叫汉斯·吕克尔的穷人的魔幻历险故事,因为汉斯·吕克尔以自己的公正、酷爱劳动和生命力强打动了摩尔。后来父亲读了马利亚特和库伯的作品,而女儿便产生当勇敢舰长的想象,于是她征求父亲的意见,说她最好从家里跑掉,能碰到一艘军舰。不久,爱琳娜心中的浪漫大海又被勇敢的苏格兰人给排挤掉了,原来父亲又读起瓦尔特·司各脱的作品,于是在小姑娘身上准备在苏格兰高地起义的计划又已成熟了……①

毋庸置疑地可以肯定:马克思所喜爱做的事,就是他全家共同的爱好、共同关心的事。

桌上是书,沙发上是书,壁炉上是书……这么多书还不够马克思读的,他经常需要"新奴隶"。

"我亲爱的白鹦鹉!……"年轻的巴黎女人劳拉·拉法格听到父亲从多雾的阿尔比昂发出的呼声。……"既然我们已经谈到了书籍问题,你就到吉洛曼……去一趟,买一些该公司出版的1866—1868年图书通报(经济方面的)。你还可以去一下'国际书店'……向他们要一些目录(1865—1868年)。当然,如果你搞到了这些东西,可不必寄来,等你返回这个无聊的地方时随身带来就行了。"②

马克思想把所有必需的书收集在手头,建立自己的图书馆,这是他多年的夙愿,为此他未剩下一个多余的先令,也没存下一个生丁。革命前,还在科隆时,他收集了相当多的书,但在困难的日子里,便把那些书留给一个同志照管。那个人被捕后,那些书落到了科隆人的手里。只是12年后,剩下的那一部分才转寄到伦敦。

---

① 拉法格:《回忆马克思恩格斯》,人民出版社1957年版,第287页。
② 《马克思恩格斯全集》第1版第32卷,第532页。

马克思生气地说:"科隆人把我的藏书处理得很妙。傅立叶以及歌德、海德、伏尔泰的著作**全部**被偷走,而对我来说最糟的是,《十八世纪的经济学家》(最新版本,我大约花了五百法郎)、希腊古典作家的许多卷书和其他文集的许多单卷都被偷走了。如果我有机会去科隆的话,我就要同民族联盟的毕尔格尔斯就这个问题好好谈一谈。黑格尔的《现象学》和《逻辑学》也被偷走了。"①

《资本论》创作前夕,马克思在伦敦居住,便把自己的工作地迁移到直接对着书海——英国博物馆②的阅览室里。更准确些说,不是迁移,而是建立第二个工作台。他说:"从早晨九点到晚上七点我总是在英国博物馆里。"③ 然后回家,又通宵达旦地写作起来。

图书馆对马克思和恩格斯来说,就是自己的家。不管碰到何种遭遇,也不管处在何种紧迫的、如火如荼的、艰难的岁月,他们总是寻求通往图书宝藏的捷径。1845年夏,马克思首次有四周时间到英国去旅行,他和恩格斯还抽出时间到曼彻斯特去,以便去切特姆图书馆搞研究工作。这是由一位本地关心教育的商业家切特姆,把这座古老的中世纪的楼阁辟作了图书馆。早在克罗维尔时期,它显然为朋友们所喜爱。甚至过了25年之后,恩格斯对自己的"亲爱的摩尔"还讲到他是怎样喜欢小楼凸窗处方方斜面桌旁的这个位置,因为那里有彩色玻璃,阳光始终充足;他告知图书馆馆员老琼斯还健在,但他很难像从前那样去工作了。④

毕竟英国博物馆较比邻国图书馆分外幸运。两位伟大思想家都曾在欧洲所有的图书馆工作过,恩格斯把英国博物馆与其他的图书馆作一对比,十分坚信地说:"对于科学研究来说,英国博物馆是无与伦比的,

---

① 《马克思恩格斯全集》第1版第30卷,第159页。
② 英国博物馆,世界最大的博物馆之一。马克思、恩格斯和列宁都在伦敦的英国博物馆的图书馆里进行过研究工作。
③ 《马克思恩格斯全集》第1版第27卷,第582页。
④ 参见《马克思恩格斯全集》第1版第32卷,第497页。

巴黎图书馆对我们这些人来说，根本无法同它相比。"①

如果说阅览室里马克思的座位空下来，那一定是发生了意外，似乎这座巨大的思想工厂都要停顿下来，变成为一座普通的书库。因为当时，甚至疾病也常常阻挡不了马克思去工作："我对我的家庭医生拉法格作出了让步。"② 他暗暗责备着自己："到目前为止我**还没有**去博物馆。"③ 但在家里谁也不能使他摆脱他所喜爱做的事——啃书本。

长大了的爱琳娜，有位18岁的女友名叫玛丽安娜·科敏，她常到马克思家去，每次她都看到马克思不是停在书架前，就是坐在办公桌旁。她回忆说，每当黄昏降临，马克思在夜班之前总要去散散步。"爱琳娜·马克思和我时常坐在客厅壁炉前的地毯上，在半明半暗之中交谈着的时候，就听到房门被人小心翼翼地关上了，随后便出现一位身穿黑外套、头戴绵软细毡帽的博士身影（记得他的女儿开玩笑地说，这是典型密探的身影）在窗前一闪，便消逝在黑暗之中了。"

---

① 《马克思恩格斯全集》第1版第36卷，第202—203页。
② 《马克思恩格斯全集》第1版第32卷，第92页。
③ 同上。

您喜爱的诗人
——莎士比亚①、埃斯库罗斯②、歌德③

上述三位名人，好似不同历史纬度上出现的三大群岛，对于自幼心灵就充满沸腾诗情的马克思来说，恰似为那浩瀚的诗海标志着几条象征性的界线。现代诗有其地理的轮廓。在东方，普希金达到最高峰，在西方，升起惠特曼之星——好像《宇宙的精灵》，在他的《草叶集》的絮语声中。从荷马笔下那些半神话的有着英勇果敢品质和人类社会生活朴实传统的希腊人，直到一排排站在阶级风雷中威风凛凛地放声诅咒"耳聋的上帝"、"富人的国王"、"虚伪的祖国"的那些西里西亚织工们④，一群典型形象簇拥而来，浮在眼前。

亲近的人都深知，马克思富有"无可比拟的诗意想象力"，诗歌就是他创作的摇篮，他的第一篇文学试作就是诗。精心保存了几乎半个世纪的六本笔记，是他的处女作《爱情集》和《诗歌集》。少年马克思的诗才，是用哲学抒情诗语言表述的，笔记中献给卓越的思想家黑格尔、歌德、席勒的诗为数不少。他乐意编写叙事诗，锋利似剑的题铭诗和无畏奋战的悲剧诗。但是更充分、更明朗地表达他整个身心的还是那一首

---

① 莎士比亚（1564—1616），英国大戏剧家、诗人。
② 埃斯库罗斯（约前525—前456），古希腊三大悲剧家之一。
③ 歌德（1749—1832），德国大诗人、剧作家。
④ "耳聋的上帝"、"富人的国王"、"虚伪的祖国"，源于海涅著名的诗《西里西亚之歌》。

首《致燕妮》的十四行诗。

>　　燕妮！笑吧！你会惊奇：
>　　为什么我的全部诗篇，
>　　只用一个题目：《致燕妮》？
>　　那是因为世界上只有你，
>　　才是我灵感的源泉，
>　　希望之光，安慰之神，
>　　使我的心儿豁亮到底。
>　　你所有的美，都凝结在你的名字里。①
>　　…………

然而，甚至在最发狂的浪漫主义激情之下，诗人马克思被思想家马克思制服了：真的，你的艺术"也并不像燕妮那样美丽"，看来，你以"修辞上的斟酌代替了诗的意境"，"有些热情和对大胆飞翔的追求"只蕴藏在致燕妮的诗中，而且这些诗失掉了必要的精炼，变成了模糊不清的东西……

---

① 马克思的这首《致燕妮》的诗，译者是从俄文译出的，翻译时未查到译文，所以译者斗胆自译了。后来看到诗的译文如下：
　　燕妮！笑吧！你定会感到惊奇：
　　为何我的诗篇只有一个标题，
　　全部都叫做《致燕妮》？
　　须知世界上唯独你，
　　才是我灵感的源泉，
　　希望之光，慰藉的神。
　　这光辉照彻了我的心灵，
　　透过名字就看见你本人。
（《马克思恩格斯全集》第40卷第558页）
　　两种译文，大致相同，但后面一句有出入。考虑到诗的意境，就保留了此段译诗，请读者在阅读时，对照品评。

如果燕妮"含着爱和痛苦的眼泪"读到马克思的那些诗，并以某种隐匿的心情终生珍藏着那些献给她的笔记，那么，马克思自己，用他女儿劳拉的话说，"对待这些诗是极不尊敬的"。这些诗他当然不是为了"去发表"。有些诗在他逝世之后，几乎过了四分之一世纪才问世，而绝大多数的诗，从它们诞生之日起，大约经过一个半世纪才为我们所知。

诗并未使马克思成为显赫的诗神，却留作他永恒的伴侣，它不仅把马克思那犀利刚劲的文笔缠上了芳香的花环，而且以一种特殊的磁力，把许多现代诗界巨匠吸引到他的身边，如伟大的富有戏剧性矛盾的海涅、朴素的有"铁百灵鸟"之称的海尔维格、曾是"真正的社会主义"一阵风的无产阶级政论家维尔特、有才华但政治上摇摆不定的弗莱里格拉特①以及符佩尔塔尔的朴实的小伙子西倍尔，等等。

那么马克思把莎士比亚、埃斯库罗斯、歌德这三个亲切、喜爱的名字并列一起，原因何在呢？

三位伟人中的歌德几乎跟马克思同代，属现代人。歌德在魏玛去世时，马克思已在特里尔中学上学了。歌德比马克思只大四分之三世纪，莎士比亚却大两个半世纪，而埃斯库罗斯则大两千多年……然而马克思出于对诗的爱，把他们如同一个大家族般地连在一起了。

他们的共同之处，是那永不停息的对生活真理的追求，是那对"真正人类本质的理想生活"的探索。这点，经常不断地、深深地打动了马克思。他们的现实主义的智慧，不在于只使每个人在本世纪内成为时代最响亮的扩音器，而在于他们去暴露和反映"合理关系"的本性，使非人的世界人道主义化，有助于未来的生活改革者去认识苦难人类的存在，人类是会思维的，而且会思维的人类正在受着压抑。马克思把不同世纪的三位酷爱真理的泰斗相提并论，是想了解以往那些在绚丽多彩

---

① 海尔维格、维尔特、弗莱里格拉特这三人都是德国诗人。

您喜爱的诗人——莎士比亚、埃斯库罗斯、歌德

的诗中所体现出来的千年来所有的真理，并在自己的心目中把它串联起来。

"世界史，是位最伟大的诗人!"有一次，恩格斯把海涅的诗寄给朋友，如同寄送那些令人震惊的政治新闻一样，在信中赞不绝口地说道。

千真万确啊！在历史的舞台上，在那些最突出的形象和鲜艳的颜色之中，在那些强烈的情感和激情的狂热交织之中，在那些意外而紧张的活跃动作之中，常常渗透出一些深刻的现象和重大的事件。无论是"会思维的头脑"，无论是"具有强烈情感的心"，都参入世界艺术的开发。诗人的语言，不仅有生活真实，历史的事件，而且带有不朽的精神价值。诗是按其"美的规律"在创造。然而一个真正艺术家，是不会违背生活真实的规律，他只能用自己的所见所闻，用自己的思维，用自己的情感去丰富历史的事实。

马克思与黑格尔那种绝对地把世界艺术的开发移到次要地位的看法不同，他认为艺术是充实人的智力的一种最丰富的宝库。毋庸置疑，艺术是认识世界的一种特有的形式，无论如何它不亚于其他的形式，这一点他坚信不疑。重要的只在于使自己懂得艺术创作的本质和规律，才能使形象语言轻易地译成历史真实的语言。

马克思完全掌握这种"翻译"的才能，从他早期的科学著作起就给人以典范，就是说，能从交织在艺术作品里的那些非理性的思维中找出社会历史的真谛。至于受到马克思热爱和崇敬的世界诗坛的三位伟人，无疑更是最有声望的导师。根据他们的诗，马克思同样能研究人类多灾多难的过去。

然而对他们的评价不只于此。他经常关注他们的作品，为的是欣赏诗的复调音乐①、思维的博大宽广以及他们诗作中的悠远的情调……

---

① 此处形容三位诗人的诗具备"复调音乐"的特点。"复调音乐"是多声部音乐的一种。其中若干旋律同时进行而组成相互关联的有机整体。

是单纯的欣赏吗?! 若是一个人根据历史所提供的材料,循序渐进地了解到走锭精纺机、机车、电报和金融银行时代的资本主义屠杀人类的暴力,——难道这个人能够满意赫尔墨斯和丘必特①的社会,或者甚至说福斯塔夫②、浮士德的社会吗?……须知,这一切都是昔日时光的阴影,是世界在它童年镜子里的一种反照,更为成熟的社会的艺术,应当是富有强烈的魅力。

"困难不在于理解希腊艺术和史诗同一定社会发展形式结合在一起。困难的是,它们何以仍然能够给我们以艺术享受,而且就某方面说还是一种规范和高不可及的范本。"③

但艺术向成熟方向发展就没有规律了吗?

"关于艺术,大家知道,它的一定的繁盛时期决不是同社会的一般发展成比例的,因而也决不是同仿佛是社会组织的骨骼的物质基础的一般发展成比例的。例如,拿希腊人或莎士比亚同现代相比。"④

马克思毅然抹掉他所选择的诗歌先驱者们这种"年龄上"的差别,已过去一世纪和一千年的悬殊,所以"看上去"他们只比"红色博士"⑤本身"大一些"。他一心一意地相信他们的经验、智慧和心灵,在他们那些给人类以聪慧的教导之中,为自己的世界观找到知音并借助于他们来检查自身的道德标准和原则。他们志同道合:26岁的马克思,"100岁的"歌德,"280岁的"莎士比亚……是诗歌铺开了学者思想的道路,并加之以桂冠。让我们听听他们关于财富的无限权力和金钱的变态力量的争论吧。

---

① 赫尔墨斯是古希腊神话中众神的使者,掌管商业、交通、畜牧、竞技、演说以至欺诈、盗窃。
   丘必特是罗马神话中的最高的神,雷神,相当于希腊诸神中的宙斯。
② 福斯塔夫是莎士比亚的《温莎的风流娘儿们》和《亨利四世》中的人物。
③ 《马克思恩格斯全集》第1版第12卷,第762页。
④ 同上书,第760—761页。
⑤ 指马克思。

马克思：货币，因为具有购买一切东西、占有一切对象的**特性**，所以是最突出的**对象**。货币的这种**特性**的普遍性是货币的本质的万能；所以它被当成万能之物。货币是需要和对象之间、人的生活和生活资料之间的**牵线人**。……①

歌德（靡菲斯特斐勒司的话）：

"什么诨话！你的脚，你的手，
你的屁股，你的头，这当然是你的所有；
但假如我能够巧妙地使用，
难道不就等于是我的所有？
我假如出钱买了六匹马儿，
这马儿的力量难道不是我的？
我驾御着它们真是威武堂堂，
真好像我生就二十四只脚一样。"②

莎士比亚在《雅典的泰门》中说：

"金子！黄黄的、发光的、宝贵的金子！
…………
这东西，只这一点点儿，
就可以使黑的变成白的，丑的变成美的；
错的变成对的，卑贱变成尊贵，
老人变成少年，懦夫变成勇士。
…………
啊，你可爱的凶手，

---

① 《马克思恩格斯全集》第1版第42卷，第150页。
② 同上书，第151页。

> 帝王逃不过你的掌握，
>
> 亲生的父子会被你离间！
>
> 你灿烂的奸夫，
>
> 淫污了纯洁的婚床！
>
> 你勇敢的玛尔斯！
>
> 你永远年轻韶秀、永远被人爱恋的娇美的情郎，
>
> 你的羞颜可以融化了黛安娜女神膝上的冰雪！
>
> 你有形的神明，
>
> 你会使冰炭化为胶漆，仇敌互相亲吻！
>
> 为了不同的目的，
>
> 你会说任何的方言！
>
> 你动人心坎的宝物啊！
>
> 你的奴隶，那些人类，要造反了，
>
> 快快运用你的法力，让他们互相砍杀，
>
> 留下这个世界来给兽类统治吧！……"①

这是他们发出的独白。而被这些独白迷住了的马克思博士，已用自己的科学语言把歌德的思想重述一遍。而在暴露独白在货币上是自相矛盾的、颠倒事物本质的特性之后，把莎士比亚的话又作了归纳，由此引出一个新的结论：这种颠倒是对抗性的，它不能成为永久的规律。于是年轻的思想家便运用预言性的独白：

马克思：我们现在假定人就是人，而人同世界的关系是一种人的关系，那么你就只能用爱来交换爱，只能用信任来交换信任，等等。如果你想得到艺术的享受，那你就必须是一个有艺术修养的人。如果你想感化别人，那你就必须是一个实际上能鼓舞和推动别人前进的人。你同人

---

① 《马克思恩格斯全集》第 1 版第 42 卷，第 151—152 页。

和自然界的一切关系，都必须是你的**现实的个人**生活的、与你的意志的对象相符合的特定表现。①

这是《经济学哲学手稿》里的一段话——这些不过是伟大诗人们有助于马克思思想发展的一个片断。马克思著作中援引诗人话语的地方很多。在《马克思恩格斯全集》里，若找到没有他们名字的一卷是很难的。而且他们处处以研究人学的大权威、历史的活见证人、沙场上的战友出现。如果说在全集里见到古代悲剧作家埃斯库罗斯的名字尚有十几次之多，那么见到莎士比亚的名字则不下于150次，歌德的名字几乎也是如此。他们仿佛在马克思语言的整个体系、整个文化财富之中，都渗入了自己的良好影响，增添了艺术上如花似锦的色彩。马克思那文风、笔调为我们作了补充的说明，恰好是他从诗海里把这三位诗人捧了出来之所在，因为他敬仰他们的文学体裁富有哲理性，戏剧的紧张性，众多的形象性和人的强烈情感性。

大概连马克思本人都不可想象他的记忆能容下如此大段大段的诗句。许多诗的形象、比喻，似乎都融化在他的演讲里，在他的笔下生辉。歌德的诗句，正如拉法格所说，马克思能背诵如流。"他每年总要重读一遍埃斯库罗斯的希腊原文作品，把这位作家和莎士比亚当做人类两个最伟大的戏剧天才来热爱他们。他特别热爱莎士比亚，曾经专门研究过他的著作。"②

首先谈谈埃斯库罗斯。用一个最有说服力的形象来说，那就是马克思在从事最初科学著作时，总是离不开埃斯库罗斯笔下的普罗米修斯——自我牺牲反对神的暴虐的战士形象。他把自己的这部著作——博士论文献给亲爱的老朋友——燕妮的父亲路德维希·冯·威斯特华伦，绝不是偶然的，因为他"在反动怪影阴暗面前从未畏葸恐惧"，总是"以满腔的热情、严肃的态度、固有的真理"拥护着进步，百般称赞年

---

① 《马克思恩格斯全集》第1版第42卷，第155页。
② 拉法格：《回忆马克思恩格斯》，人民出版社1957年版，第70页。

轻马克思的才华,并培养他具有一种审美能力,对古希腊罗马文化那种求知的兴趣。

埃斯库罗斯的古典悲剧形象逼真,在人物和场景方面虚构出古希腊罗马社会,把原始时期的社会斗争的经验展现在马克思的面前,他从中能领悟到古希腊罗马的反抗斗士的人道主义思想、目标和功绩的意义(《被缚住的普罗米修斯》);第一个人民政权的教训(《七将攻忒拜》);能够研究古希腊的家庭社会学(《俄瑞斯忒斯》)。① 埃斯库罗斯所倡导的人的团结思想为马克思所理解而且甚合其意。甚至在结束学业之后多年,与他的朋友火热的革命者约翰·贝克尔促膝相谈时,他意外地提起埃斯库罗斯的一段话:"应当极力去开发世界上的财富,以便帮助贫困中的朋友!"而且他还指出他们具有渊博的才智和他们近似共产主义世界观的观点。

业已跨入40岁的马克思在阐述古代的无比杰作的魅力时,论证说:"一个成人不能再变成儿童,否则就变得稚气了。但是,儿童的天真不使他感到愉快吗?他自己不该努力在一个更高的阶梯上把自己的真实再现出来吗?在每一个时代,它的固有的性格不是在儿童的天性中纯真地复活着吗?为什么历史上的人类童年时代,在它发展得最完美的地方,不该作为永不复返的阶段而显示出永久的魅力呢?有粗野的儿童,有早熟的儿童。古代民族中有许多是属于这一类的。希腊人是正常的儿童。他们的艺术对我们所产生的魅力,同它在其中生长的那个不发达的社会阶段并不矛盾。它倒是这个社会阶段的结果,并且是同它在其中产生而且只能在其中产生的那些未成熟的社会条件永远不能复返这一点分不开的。"②

---

① 埃斯库罗斯(约前525—前456),古希腊诗剧作家、《悲剧之父》。《被缚住的普罗米修斯》、《七将攻忒拜》、《俄瑞斯忒斯》三部曲,均为埃斯库罗斯所作。俄瑞斯忒斯系希腊神话中阿伽门农与克吕泰涅斯特拉之子。他的母亲与情夫埃癸斯托斯谋害了他的父亲,他为复仇杀死此二人。
② 《马克思恩格斯全集》第1版第12卷,第762页。

再谈莎士比亚。他的名字，马克思自然会把它摆在第一位。他们是两位泰斗，彼此是那么相近。马克思不仅十分欣赏莎士比亚的作品，而且自己的思想同他也是十分相通的。诗人的戏剧和悲剧不只是历史化身的画面使马克思感到兴味，按照恩格斯的意思，莎士比亚的戏剧能"体现绝对性格的概念"。而这些作为"绝对粒子"的性格是用马克思思想结构中的建筑材料制成的。马克思在"莎士比亚化"，甚至是通过人的情感在揭露最抽象的，似乎是政治经济学的概念。

同资产阶级理论家论战着的马克思，有一次一边嘲笑一边埋怨他们说，即使两个半世纪前的莎士比亚也比他们对货币本质的了解要清楚得多。正当他最后精心修改《资本论》第一卷的时候，他把伟大的诗人当做自己的可靠盟友。

让我们再翻开《资本论》来看看吧。其中，在那种种事实的清晰结构中间，在那展开的提纲与精确定义的科学公式中间，我们会突然遇到《亨利四世》剧中曾击败过福斯塔夫的机灵寡妇奎克尔，我们会听到喜剧《无事生非》中西柯尔的警吏——好心人道勃雷的教诲，我们会看到《威尼斯商人》剧中夏洛克那对贼溜溜的目光，我们还会听到雅典的泰门把金子的力量奉若神明的独白。

马克思的语言研究者们，把马克思著作中所引用过的莎士比亚笔下的人物编成一个独特的人物表。首位当属福斯塔夫，他多半在马克思的"活动戏剧"前台上出现。继他之后是夏洛克、雅典的泰门，然后是《李尔王》、《奥赛罗》、《哈姆雷特》剧中的人物；还有一整串的喜剧典型人物：阿雅克斯和忒西特、木匠斯纳格和织工奥斯诺娃……

可见，莎士比亚不仅以对现实的亲身领会和对人的个性的深刻研究在"帮助"马克思，而且还用讽刺形象的整个武库在装备着他。马克思出色地运用独有的讽刺性的比拟，写出莎士比亚化的战斗散文，弹无虚发地向敌人进击。

每当谈起这位英国大戏剧家在马克思家里占统治的地位时，马克思的作传人和研究者们便都友好而欢快地发出"崇拜"一词。是的,马克思所有的三个女儿都把莎士比亚称为喜爱的诗人。小女儿爱琳娜,甚至在六岁时就能背诵莎士比亚剧作中的大段台词。所以,在这个家庭里,在家长的积极影响下,形成了一个莎士比亚的热烈赞扬者和精明鉴赏家的独特俱乐部,是很自然的。除马克思夫妇和他们的三个女儿之外,常来参加莎士比亚作品朗诵协会的还有弗里德里希·恩格斯,剧作家艾德华·罗兹,女演员捷奥多拉·莱特,女作家多莉·雷德福及其丈夫、法学家、诗人亨利·尤塔。玛丽安娜·科敏也是"道勃雷俱乐部"的参加者,这个俱乐部的名字,是以喜剧《无事生非》剧中人物命名的。科敏记得自己首场演出会上还曾扮演了马克思所喜爱的《约翰王的生与死》一剧中的王子的角色。朗读之间,她一眼就瞥见长着长长的蓬松的灰头发、毛茸茸的灰胡子,一对敏锐的闪动着幽默目光的黑眼睛的马克思在全神贯注地听她朗读。他坐在带壁龛的长房间的顶端,他身后,屋角的台座上摆着一个丘必特的半身雕像,许多人公正地认为他们之间何其相似啊……

除这个家庭朗读会之外,"道勃雷俱乐部"成员在伦敦的"里采乌姆"剧院莎士比亚演出会上经常露面。他们每个人各尽所能地去提高伟大剧作家的声望。如果说,马克思家中的年长者总是拿起笔去捍卫莎士比亚的荣誉,那么家中最小的爱琳娜,成为英国莎士比亚学著名学派中的一名得力门生,也是不言而喻的。

甚至根据恩格斯的一篇著作"风景"中的片断,便能想象出莎士比亚作品在"道勃雷俱乐部"协会里是多么令人感到亲切、理解而且就像身临其境似的。

恩格斯富于幻想般地赞美着说:

"啊!不列颠内地蕴含着多么丰富的诗意啊!你常常会觉得自己是生活在欢乐的英国的黄金时代,觉得自己见到莎士比亚背着猎枪在灌木丛中悄悄地寻找野物,或者你会感到奇怪,在这块绿色草地上竟然没有真正演出莎士比亚的一出神妙的喜剧。因为不管剧中的情节发生在什么地方——在意大利,在法国,或在纳瓦腊——其实展现在我们眼前的基本上总是欢乐的英国,莎士比亚笔下古怪的乡巴佬、精明过人的学校教师、可爱又乖僻的妇女全都是英国的,总之,你会感到,这样的情节只有在英国的天空下才能发生。"①

最后谈谈歌德。马克思在这位"德国伟人"的诗的熏陶下产生多少思想感情啊!未来思想家增长智力,就像幼苗贪婪地吮吸大地乳汁一样,首先要去汲取祖国文化当中生机勃勃的力量,汲取它思想方面的最强流。亲爱的读者,假如在我们的童年时代《俄国诗歌太阳落了》,那我们一生就要在它的反光下度过。马克思在14岁前是生活在"歌德的时代",当然会把他永远铭记在心。拉法格证实说,"马克思能背诵歌德的许多诗句"②,他高度地评价了歌德那种"洁白无瑕的风格","幻想和心灵的语言"。歌德的诗,是文字的必然装饰品,——他有权与莎士比亚的诗相媲美。在《资本论》里,继莎士比亚之后,引证最多的就是歌德,更确切些说,就是他的《浮士德》。实在令人注目啊!在这部足有700页的篇幅里,歌德的诗,在这里只是由这部不朽的悲剧所代表,——我们同剧中的主人公,时而在浮士德的书房里,时而在奥尔巴赫酒馆,时而在城门之外,时而又在天上相遇。当然喽,《资本论》里,浮士德和梅菲斯托费尔关于人和他在地上的地位,展开一场悲剧性的争论,惊天动地,这也决非是偶然的。

是的,歌德与莎士比亚、埃斯库罗斯并称当之无愧。他是后起的祖国之骄,人民的财富。所以对他的爱,才是那般的狂热和经久,那般的繁复和严苛。对共产主义导师来说,展开一场捍卫伟大预言家精神遗产的激烈斗争,决然是非同小可的。

他们保护着歌德,使他免遭形形色色的推翻者、无情的民族主义和

---

① 《马克思恩格斯全集》第1版第41卷,第97—98页。
② 拉法格:《回忆马克思恩格斯》,人民出版社1957年版,第71页。

狂热的僧侣主义的谋害,这从马克思年轻时代写的那些尖刻的题诗看得出来,马克思的诗是对着路德派新教的牧师、反歌德十字军的首领普斯特罗亨而写的。

他们保护着歌德,使他免遭小资产阶级的所谓"真正的社会主义"的谋害,它鼓吹超阶级的"全民"理想,以及市侩地把这位伟大古典作家打扮成"理想人",为此,恩格斯在一篇科学著作中,对格律恩①的全部骗术作了淋漓尽致的剖析。

他们保护着歌德,当然不是保护歌德作品中自相矛盾的、世界观上摇摆不定的东西。恩格斯在下面的一些话里,辩证地表达出自己的全部力量和痛苦以及马克思对歌德的爱:

"在他心中经常进行着天才诗人和法兰克福市议员的谨慎的儿子、可敬的魏玛的枢密顾问之间的斗争;前者厌恶周围环境的鄙俗气,而后者却不得不对这种鄙俗气妥协,迁就。因此,歌德有时非常伟大,有时极为渺小;有时是叛逆的、爱嘲笑的、鄙视世界的天才,有时则是谨小慎微、事事知足、胸襟狭隘的庸人。连歌德也无力战胜德国的鄙俗气;相反,倒是鄙俗气战胜了他;鄙俗气对最伟大的德国人所取得的这个胜利,充分地证明了'从内部'战胜鄙俗气是根本不可能的。歌德过于博学,天性过于活跃,过于富有血肉,因此不能像席勒那样逃向康德的理想来摆脱鄙俗气;他过于敏锐,因此不能不看到这种逃跑归根到底不过是以夸张的庸俗气来代替平凡的鄙俗气。他的气质、他的精力、他的全部精神意向都把他推向实际生活,而他所接触的实际生活却是很可怜的。他的生活环境是他应该鄙视的,但是他又始终被困在这个他所能活动的唯一的生活环境里。歌德总是面临着这种进退维谷的境地,而且愈到晚年,这个伟大的诗人就愈是 de guerre lasse [疲于斗争],愈是向平

---

① 格律恩(1817—1887),德国政论家,"真正的社会主义"的主要代表人物之一,小资产阶级民主主义者,蒲鲁东的信徒,普鲁士国民议会议员;曾在法兰克福高等商业工艺学校任艺术史、文学史和哲学史教授。

庸的魏玛大臣让步。……"①

马克思所推崇的三位诗人，按我们习惯上的理解，都不是革命家，可他们个个都能成为人类的一面镜子而加以借鉴。此外，他们又把马克思的三个祖国强有力地体现了出来。古希腊罗马——是他精神的摇篮，德国——是他生育的地方，英国——是天才安身立命之地。

---

① 《马克思恩格斯全集》第1版第4卷，第256—257页。

您喜爱的散文家——狄德罗[①]

马克思读书的兴趣，范围十分广泛；它实际上囊括了上世纪一个受过高等教育的欧洲人所能够接触到的文明的全部典籍遗产，以及世界各地汇集于格林威治子午线交叉点上[②]的一切最新作品：从荷马的希腊神话诗和悲剧诗到共产主义诗人塑造的热烈的革命典型；从古印度宗教至高至圣的神灵的格言到惠特曼细腻非凡的生动形象。

从上文对读者所作的叙述中已经可以了解：马克思决不是一位嫌弃文学的人，正像弗兰茨·梅林[③]所论证的，他有时候甚至还相当地重视一个中学程度的文艺爱好者曾经丢弃过三次的精神食粮。他能够从莎士比亚、但丁的主人公的极其深奥的欲念和苦难中解脱出来去俯就孟德·克利斯托的惊险情节和保尔·德·科克的平庸角色的奇异经历。这是不是有点兼收并蓄、良莠不分呢？不！这是人类精神的最高境界，这是深入某种特定环境中的个人内心世界的一种坚定的志向，这样的说法岂不更加贴切？

作为一个读者，马克思的精神享受的真正需要要狭窄得多，也固定得多。像达尔文一样，由于对严谨的拉丁语系语言有癖好，他最看重歌

---

① 狄德罗（1713—1784），法国哲学家、作家、思想家。彼得堡科学院名誉院士（1773年）。主要著作有《供明眼人参考的谈盲人的信》、《拉摩的侄子》等。
② 指伦敦。
③ 弗兰茨·梅林（1846—1919），德国共产党创建人之一，哲学家、历史学家，著有《马克思传》等书。

颂浪漫主义幻想家堂·吉诃德的塞万提斯和《人间喜剧》的创作者巴尔扎克。马克思曾打算在完成巨著《资本论》之后立即着手对巴尔扎克进行专门研究。马克思和恩格斯高度评价这位法国作家对"现实关系"本质特征的深刻理解，并且以艺术手法通过作品表达出来的能力。恩格斯曾强调指出，从巴尔扎克老人的《人间喜剧》的故事结构中，可以鲜明地看出30年来"法兰西社会的现实主义的历史"，可以从中汲取到经济细节方面的东西比"从当时所有的职业的历史学家、经济学家和统计学家那里学到的全部东西还要多"[1]。由于他们善于敏锐地领悟艺术的真实和生活的自然反映，他们对现实主义作家的作品便寄予了巨大的信任。

马克思说："现代英国的一批杰出的小说家，他们……向世界揭示的政治和社会真理，比一切职业政客、政治家和道德家加在一起所揭示的还要多。他们对资产阶级的各个阶层，从'最高尚的'食利者和认为从事任何工作都是庸俗不堪的资本家到小商贩和律师事务所的小职员，都进行了剖析。"[2]

可以列举出一个又一个大权威，菲尔丁或者绥夫特，莱辛或者谢德林……但桂冠的荣获者总当首推狄德罗。

这位18世纪中心人物之一的郎特尔手艺人之子究竟是以什么手法折服了情趣如此高尚的读者的呢？

难道是他的罕见的命运？他所经历的道路是艰难曲折的：脱离外省耶稣学校之后豁然彻悟，积极抗拒封建制度而遭迫害、坐大牢，直至登上伟大的法国百科全书著作家的主帅宝座。

难道是鼓吹"危险思想"造成的吗？他的著作，以被国会判处焚毁的第一篇科学论文到最后一批文字无不都是寓意十分深刻的杰作，他为唯物主义开辟了广阔的途径，为强大的启蒙运动奠定了基础。

---

[1] 《马克思恩格斯选集》第4卷，人民出版社1995年版，第684页。
[2] 《马克思恩格斯全集》第1版第10卷，第686页。

难道是他那极端含蓄的机敏和艺术语言的率直促成的吗？他的哲学思想达到了光辉的高度，非常容易从现实生活中衍生出许多活泼的因子，从而变成富于人情味的、栩栩如生的形象，再现于我们眼前。他所奉献给我们的那些早期的哲学思想，怀疑论者的闲赋，论盲者告明眼人的训言，对自然和运动之原理的解释，思想家之间的对话等后来都演化成了有血有肉、有情有欲的叙事小说：《女王》、《宿命论者雅克》、《拉摩的侄子》……相继问世。

那么，狄德罗究竟用什么使人折服的呢？那便是典型的形象，典型的行为，典型的语言。科学共产主义的奠基人认为，"如果说有谁为了对真理和正义的热诚（就这句话的正面的意思说）而献出了整个生命，那么……狄德罗就是这样的人。"

马克思认为他所喜爱的这位散文家的一切文学杰作中当首推《拉摩的侄子》。他能够一遍又一遍地把它反复诵读，能够在写作《资本论》的手稿时联想起狄德罗尖锐锋利的语句，能够把他的辛辣的形象运用到自己的思想对手的身上，也能单纯地对作品加以欣赏，捉摸它的一个个主题的含义。

这位非常健谈的哲学家狄德罗有着少见的灵敏听力。在一个音乐家名流的不幸的侄子（此人认为任何谄媚行为都比任何一种劳动要强）的启示下，他能听到本世纪的无耻的声音，听到活跃的寄生者和根底很深的野兽般的利己主义者的声音。

这位无所不涉的生活观察家有着异乎寻常的眼力。他能为我们透彻地指明盗贼那一套假仁假义的伦理学说和庸俗的享乐主义哲学。这一古老的鼓吹享乐至上的哲学，经褊狭的利己分子一解释反而变成了一种完全平淡无味的、伪善的道德说教，成了对于粗俗的欲求的某种崇拜。

这位代表未来革命变革的英勇的喉舌有着非凡敏锐的社会嗅觉。他能感受到并会使我们相信，盗窃者心中开出的种种灰暗的恶习之花，根本不是愤怒天神或茫茫自然的注定馈赠，它们实际上是在日常的对抗中所形成的社会条件的产物。

站立起来的资产阶级为繁殖这些恶习制造了极其有益的环境，为进行道德表白创造了温室般的气候。这时，资产阶级的道德法官表现出惊人的聪明才智。有一位"海上红衣主教"茹尔·让南发现狄德罗的《拉摩的侄子》里缺少"应有的"道德结论，于是便对这位经典作家的作品进行补充和修改。马克思在给恩格斯的一封信中写道："他就按照自己的发现来修改这本著作，他发现拉摩的一切颠倒都是他因自己不是'世袭贵族'而产生的苦恼引起的。他在这种基础上堆砌起来的科采布式的劣作，现在正在像上演传奇剧似地出现于伦敦。从狄德罗到茹尔·让南的道路正是生理学者称做退化的变态的道路。这就是法兰西革命前和路易-菲力浦统治时期的法兰西精神！"①

狄德罗时代的无耻的寄生之花在新的世纪已经结出了无数硬实的苦果。到处都洋溢着这种善意！即使在"伟大的侨民汉"中间也是如此，而且可能尤其这样。马克思和恩格斯在刻画许多可悲的名流时曾提到过一个名叫鲁道夫·施拉姆的年轻豪放的克雷弗尔得人，他们极自然地联想起倒霉的"侄子"——一个"喜欢争吵的、夸夸其谈的、极其荒唐的傀儡，他把《拉摩的侄子》中的一段话：'我宁愿做个厚颜无耻的空谈家，而不愿做默默无闻的人'当做生活中的座右铭。"②

鲁道夫·施拉姆垂涎于重要职位，但也不拘高下，哪怕不太像样的也罢。他随时准备咬掉自己的舌头，只要功名成就要求他沉默不语；但也能够与人倾吐积愫，牢骚不绝于口。可要是职位到不了手，那时候不知为什么他就会不再到激进派那里去，就会不再在某个"坚决前进俱

---

① 《马克思恩格斯全集》第1版第32卷，第284页。
② 《马克思恩格斯全集》第1版第8卷，第301页。

乐部"①里施展他的才能,就会不再随随便便地发表什么通告②了……就是这位拉摩的侄子的精神上的继承人,这位实际上没有得手的官僚主义者,总想拼命利用和共产主义者同盟出色的年轻人康拉德·施拉姆之间的兄弟关系,混上一个资产阶级激进分子的角色,而事实上他只不过"装扮成了激进资产者的模拟品"而已。

马克思在给曼彻斯特的朋友③寄去《拉摩的侄子》时,曾满意地指出:"这部无与伦比的作品必将给你以新的享受。"

不难理解,马克思最有兴趣阅读的是富于理性的散文,是最大限度地"充满"思想性的艺术作品。为了证实"最有兴趣"这一说法,可以去找狄德罗在文学上的敌对者,去找马克思最不喜欢的人。沙多布利昂的作品便是例子。这位浪漫派作家,保皇分子,王位和圣经的虔诚的讴歌者也是觊觎哲学"著作"和艺术散文的桂冠的。

马克思在谈到他"一向讨厌"的沙多布里昂时指出:"如果说这个人在法国这样有名,那只是因为他在各方面都是法国式虚荣的最典型的化身,这种虚荣不是穿着18世纪轻佻的服装,而是换上了浪漫的外衣,用新创的辞藻来加以炫耀;虚伪的深奥,拜占廷式的夸张,感情的卖弄,色彩的变幻,文字的雕琢,矫揉造作,妄自尊大,总之,无论在形式上或在内容上,都是前所未有的谎言的大杂烩。"④

最后,关于艺术兴趣的说法还有一桩历史文学的类似事件可予证

---

① 1848—1849年的德国资产阶级革命期间,在巴登有一个以小资产阶级民主主义者布伦坦诺为首的临时政府。不满于这个政府的比较激进的一派(司徒卢威、契尔奈尔、海因岑等人),于1849年6月5日在卡尔斯卢厄成立了"坚决前进俱乐部"。俱乐部建议布伦坦诺把革命推向巴登和普法尔茨境外,在政府中增加激进分子。俱乐部的委员在接到否定的回答后,于6月6日以武装示游行来威胁政府。但是被政府缴械了,"坚决前进俱乐部"也被封闭了。
② 指鲁道夫·施拉姆和古斯塔夫·司徒卢威合写的《告德国民主派的通告草案·草稿》和《致领袖们的附函》。
③ 指恩格斯。
④ 《马克思恩格斯全集》第1版第33卷,第102页。

明，那是马克思亲自提到的。他在狄德罗的作品和另一位我们所熟识的语言斗士的作品之间画上了等号。"我读过一些爱尔利布的著作。他作为一个作家，我是把他跟莱辛和狄德罗同样看待的。"这里指的是杜勃罗留波夫，爱尔利布是他的德语译法。他的一生非常短暂，统共只活了25年，但他的生命的光辉却像黑暗的俄罗斯现实王国中闪过的雷电一般照亮了、穿透了许多事物。车尔尼雪夫斯基曾在他的墓前激昂地说："呀，人民，他是多么的爱你呀！你虽然没有听到他的话，但是当你将变成和他所想望见到你的那个样子的时候，你就会知道这个天才的年轻人，你的儿子当中最优秀的一个，曾为你尽了多大力呀。"

杜勃罗留波夫的话语早已为共产主义导师们耳熟能详，并在他们心中激起了深刻的反响。对他们来说，他是社会主义的莱辛，是可以和狄德罗相媲美的经典作家。

德尼·狄德罗还在革命的民主主义思想觉醒之前很久到过俄国，但他相信这个国家一定会繁荣起来，他相信这个国家的人民具有强大的力量。他开始学习俄语的时候年事已高，他正确地认为，随着时间的推移，俄国将成为重要的世界因素。

科学共产主义的奠基人在对当时的俄国社会思想发展作出结论时，曾骄傲地提到产生过杜勃罗留波夫和车尔尼雪夫斯基"两个社会主义的莱辛"的民族。他们满怀希望地关注着那些继承他们的革命精神的人："在俄国年轻一代人中间，我们也有一些在理论和实践上有杰出才能和高度毅力的人……"①

---

① 《马克思恩格斯全集》第1版第18卷，第592页。

您喜爱的英雄——斯巴达克①、刻卜勒②

马克思当然不会只提这位无产阶级无畏领袖的名字，或者只提这位伟大的天文学家的名字，因他一生都不能把自己分成是科学家还是革命家。

令他敬仰的，毋庸置疑，是这位光明磊落的科学蒙难者约翰·刻卜勒，他是德国一家小饭馆老板和乡村"巫师"的儿子，敢作敢为的"行星运动规律发现者"，他的五卷本《宇宙谐和论》和其他的重要著作——《哥白尼天文学说的缩影》，是他在最艰难的漂泊岁月里，用偶然挣来的钱勉强糊口的情况下创作出来的。

这位伟大的异教徒，在本国国土上未受到嘉奖，反而受到驱逐，（这点马克思是很了解的！）然而在外国却倍受重视，那里提出给他以幸福代替那痛苦的去探索科学真理的建议。他断然拒绝了，说："我习惯处处而且永远说真理话……"刽子手把他的著作投入火堆焚烧（如同三个世纪之后，法西斯分子对待马克思的书所干的那样），而献身于世界人类的刻卜勒，去世时口袋里只剩下七分钱。

总之，在刻卜勒身上值得马克思称颂的，不只是生活方面的知识，

---

① 斯巴达克是古罗马奴隶起义的领袖。他原是个角斗奴隶，因不堪奴隶虐待，公元前73年密谋起义。起义军英勇善战，取得不少的胜利，但因力量悬殊，终遭失败。

② 刻卜勒（1571—1630），德国天文学家，发现行星沿椭圆轨道运行，提出行星运动三定律。

还有对科学极细微领域的深透了解；不只是人的容忍态度，还有在寻求数不清的论证方面科学家所具备的牺牲精神；不只是在敌人面前的无私无畏，还有在人前，似乎是在不容争辩的真理面前敢于大胆地提出假设。总之，他不仅具有人的那种献身精神，而且在科学领域里，有着坚决去扩展宇宙"视野"的功绩。

天文学跟数学一样，是马克思特别喜好、入迷的对象。他因病不得不离开工作台时说："利用这个机会，我又顺便'钻了一下'天文学……"① 他还用一连串的名词、结论和思想向恩格斯抛了过去。

"这里我想提一件事，它对我说来至少是新鲜的，你或许早就知道了。你知道拉普拉斯的行星系形成学说以及他是怎样解释各种天体的自转等等的。……"接着对朋友说"有一个美国佬发现了一种关于行星自转的多样性的规律"，并简短地说明这个发现的实质，提到老黑格尔关于向心力向离心力"突然过渡"的几点敏锐的见解，其论辩可以归纳为"牛顿的'证明'对刻卜勒的运动'概念'并没有补充什么新东西……"当马克思从恩格斯那里得知，行星运转的过程及其各种规律对他来说是新东西并怀疑有的证据是否充分时，他便准备立刻到英国博物馆去查询原著，把详细情节介绍给朋友。

关于天文学方面的研究，在马克思书信遗产中并不罕见。他以极大的快乐向荷兰籍的表舅莱昂·菲力浦斯讲解"宇宙空间的黑暗"，讲解如何在"英勇的伊壁鸠鲁"身上发现把诸神赶到太空中去，也就是赶到无人居住的宇宙空间中去的合理想法。他常以青年人的狂热以至于火气，去争论天体的特性，例如要在天文图表中寻找到某个仙女星座，而且要证明天上有这位少女。当然，他更珍惜天文学上的新词，精心地用权威性的科学资料来校正它。

至于说到斯巴达克的名字，理应在这个"自白"里出现。马克思一

---

① 《马克思恩格斯全集》第 1 版第 31 卷，第 149 页。

您喜爱的英雄——斯巴达克、刻卜勒

家，都十分敬佩勇士为争取自由而战的那种浩然正气，对历史上的英雄，对现代人的高尚业绩，也十分敬慕。例如，爱琳娜就把驰名的朱泽培·加里波第①认为是自己所喜爱的英雄。劳拉把浪漫主义的雪莱②当做自己所喜爱的英雄。而姐妹中最大的燕妮，则偏重于人民的代言人格拉古兄弟③。顺便说一下，马克思对古罗马无畏的英雄提比利乌斯·格拉古和凯尤斯·格拉古也深深敬爱。他甚至答应女儿们要写出一部反映以他们悲壮命运为体裁的戏剧来。

女儿燕妮已成为上个世纪欧洲许多卓越革命家的私人朋友，因为马克思的家门对这些革命家是永远好客地敞开着的。我们记得有一张出名的照片：马克思同大女儿燕妮的合照。这张家庭照上，姑娘在黑衣上佩戴了一个端端正正的十字章，分外引人注目。这是一件礼物，是波兰起义者的象征。在英国政府镇压爱尔兰人的起义之后，她就用一根绿色长条带子把这枚十字章佩戴在身上，以表示对具有民族象征的爱尔兰芬尼亚社社员的哀悼。

在马克思的著作中，我们没有发现马克思对斯巴达克有过大量的研究和深入的探索。即使有，也许也只是一种偶然性的，如有一段很重要的笔记，就是突出的偶然事例的生动见证。

……这件事发生在马克思打算旅游德国时的那年冬天。除工作之外，繁重的行前琐事，某种奔忙，人员杂沓，——而他照常在那种出乎意料的阅读之中寻求躲避疲劳的避难所，便从书架上取下《罗马史》。他告诉恩格斯说："晚上为了休息，我读了阿庇安关于罗马内战的希腊文原本。"④ 他认为这本书"很有价值"，首先因为作者"极力挖掘到国内战争的物质基础"，尤为马克思赞赏的是，阿庇安著作中有一大段谈

---

① 加里波第（1807—1882），意大利民族解放运动的领袖。
② 雪莱（1792—1822），英国诗人。
③ 格拉古兄弟都是古罗马的护民官，兄弟二人都在为农民和平民群众的利益而与贵族的斗争中阵亡。
④ 《马克思恩格斯全集》第1版第30卷，第159页。

到斯巴达克。

"……发利尼阿斯·格拉柏是第一个被派去进攻他的,后来巴布利阿斯·发利略又被派去;他们所带的,不是正规军队,而是匆忙地随便组织的军队,因为罗马人还没有把这个当做一个战争,而认为只是一种劫掠性的暴动。他们进攻斯巴达克,两人都被打败了。斯巴达克甚至于捉着了发利尼阿斯的马匹;那位罗马人的将军险些乎被一个角斗士活捉。

此后,聚集在斯巴达克周围的人数更多了,使他的军队人数达到70,000人。为了这些军队,他制造武器,搜集军事装备。因此罗马现在派遣执政官们带着两个军团来了。

117. 一个执政官在加尔干诺山附近战败了带着30,000人的克利苏,克利苏的三分之二士兵和他本人都阵亡了。斯巴达克努力想冲过亚平宁山脉,向阿尔卑斯山脉和高卢地区挺进。但是一个执政官先到了那里,阻止他的逃跑;另一个执政官尾追在他的后面。他回转头来分别应战,把他们各个击破了。他们在混乱中向不同的方向溃退。斯巴达克杀死了300个罗马俘虏,致祭克利苏的亡灵之后,即率领120,000步兵向罗马进攻,烧掉所有无用的东西,杀死所有的战俘,并屠宰他的驮兽,以便轻装行军。许多逃亡者跑到他那里来,但他不愿收容他们。两个执政官又在匹塞浓地方迎战。在这里又进行了一次大战,而罗马人又大败了。

斯巴达克改变了他进攻罗马的计划。他认为他还没有准备好作这样的战斗,他的全部军队还没有适当地武装起来,因为没有城市和他联合在一起,参加他的队伍的只有奴隶、逃兵和下层群众。但是他占领了条立爱附近的山脉,攻下了条立爱城。他禁止商人携带金银进来,不许他自己的部下有任何金银。但是他大量购买铜铁,不干涉那些买卖铜铁货物的人。从这个来源,他取得了充足的物资供应,他的部下有充足的武器……当他们再次和罗马人交战的时候,他们又获得大胜,满载着战利品而归。

118. 这个战争，虽然在开始的时候，被人嘲笑和藐视，以为只是角斗士作乱，但是后来对罗马人是这样的可怕，它现在已延续了三年之久。当新的大法官选举时期到了的时候，所有的人都害怕，没有人敢提出自己为候选人。……"①

马克思对历史学家的公正敬佩之至，尽管这位历史学家效忠于罗马帝王的地方也不少。可以想象：马克思已把那部希腊巨著夹满了书签，并匆匆地扼要写下这几行字：

"他笔下的斯巴达克是整个古代史中最辉煌的人物。一位伟大的统帅（不像加里波第），高尚的品格，古代无产阶级的真正代表。"②

---

① 阿庇安：《罗马史》下卷，商务印书馆1976年版，第199—200页。
② 《马克思恩格斯全集》第1版第30卷，第159页。

您喜爱的女英雄——甘泪卿[①]

在一种有趣的研究中,有人把歌德笔下的甘泪卿和马克思的夫人燕妮作了表示疑问的对比。大致作出这样的结论:燕妮当然不全像甘泪卿,"她决不是那种柔弱女性的化身",但如果像马克思所指的"不是甘泪卿的柔弱",而是她另一个特点——严整性,那就吻合了……

这里,表示异议就跟表示同意一样都是天真的。把话说得更准确一些,就是燕妮本人不认为甘泪卿是自己崇拜的女英雄,可马克思,正如大家所知,他把妇女的"柔弱"看做是高尚的品格。可见,歌德的女主人公,作为"永恒之女性"的理想化身吸引了他。

很难说,马克思是什么时候才把他所喜爱的女英雄的形象写进自己的著作之中,正如他多次把著名文学典型人物在自己著作里赋予新角色那样。但他十分坦率、热情洋溢地给予"永恒之女性"以应有的赞扬,这在"自白"的开头我们就听得到他在讴歌自己的理想。

此外,在他那许多手稿里,我们发现有不少似乎是他顺便、随手做的注,而且带有真正莎士比亚式的激情、伦布朗式的色调,把刚刚摆脱黑暗时代丑态的那种"永恒之女性"的形象描绘得淋漓尽致。

有一次马克思在艰苦考验时刻悲叹地说,这些滑稽可笑的女性,"甚至那些富有才华的女子",都不能摆脱出奇的善变性格,都不能理

[①] 甘泪卿是歌德的悲剧《浮士德》中的女主人公,一个温柔多情的姑娘。

智地放弃一些不可能的事……况且那些没有才华的人呢？他们再往后不是与理想更有距离了吗？不论如何……

理想的完整女性的性格，应摆脱过分多愁善感的性格，因为这是资产阶级道德所顽强维护的东西。关于这种理想的真正教母，在恩格斯致娜塔丽娅·李卜克内西（她丈夫已被捕入狱）的信中说得好。他指出那些战士的妻子，只好经常在贫困和生死离别的威胁之下生活。"幸而我们德国的妇女们并没有因此而惶惑不安，她们以实际行动证明，尽人皆知的女性的多愁善感只不过是资产阶级妇女所具有的阶级痼疾。"①

这种理想，无疑应当加以保护，使之摆脱盲目的利己主义，摆脱经常用卑鄙的庸俗话和非道德行为的蛛丝缠绕着的无节制的自私自利。难道可怜的海涅那过于机灵的女友玛蒂尔达不正是发生了那种不幸吗？……

具备这种理想，必须彻底杜绝任何的卑鄙心肠，或者说"精神上的杂食"，情感的冲动，至少有别于那种粗俗的放荡。马克思在卡尔斯巴德进行水疗时期，有人总在他的耳边絮叨他新结识的那些德国大学教授们：哎，就说瓦格纳吧，您对于瓦格纳看法怎样？噢，说起他——是个时代精神的表达者，德意志普鲁士帝国的音乐家……这里，令人特别值得一提的是柯吉玛·瓦格纳夫人，即毕洛夫的前妻，离婚了，嫁给了瓦格纳，现在，"同戴绿帽子的毕洛夫以及他们共同的岳父李斯特，四个人一起住在拜罗伊特并且情投意合，他们亲热相处，相互接吻，彼此相爱而且皆大欢喜。此外，李斯特是罗马教修道士，而瓦格纳夫人……是他……的'非婚生的'女儿，真是想不出比这个小家庭及其相互之间的宗法关系更合适的奥芬巴赫歌剧脚本了。"②

并非无声的俯首听命，才是女性理想的性格。甘泪卿在最后一个黎明前说的一句话，就是唤起自觉。不过这种自觉，不是通过滔滔不绝的

---

① 《马克思恩格斯全集》第 1 版第 34 卷，第 262 页。
② 同上书，第 181 页。

任何一个"庸俗的米拉波"①的空话反映出来的,也不是通过有职业的聪慧妇女那种迂腐的挤眉弄眼反映出来的。

马克思在"社交界"实在不走运——不是碰见"半军人的旧式摩登美女和装模作样令人生厌的女学究",就是碰见某名人的侄女,指望自己能得到赏识,"谈吐矫揉造作,卖弄虚假的热情"。是啊,在"社交界"里是不容易碰到初出茅庐的甘泪卿的。然而有一点,不止一次地令人信服,那就是真正完整的"文明"天性不会变丑,"有教养性"会逐步提高。

在汉诺威一个多雨的春天,马克思在库格曼家正期待着《资本论》校样时,看到他家有位很亲近的熟人田格夫人,然后便对女儿讲道:

"她确实是一个很崇高的人,性情非常温柔,为人诚恳坦率。在她身上没有一点点'自命博学'的样子。她的英语、法语和意大利语(她是意大利血统)都说得非常流利。她虽然是一位出色的音乐家,但是从不妄谈艺术而使人生厌,相反,她憎恶这种行为。她是一个无神论者,对社会主义有好感,尽管她在这方面知道的东西很少。她的特点首先是非常善良和没有任何矫揉造作。"②

马克思在汉诺威同库格曼会见后时隔一年,在一封致库格曼的信中谈到妇女问题、妇女参加工人运动的问题。这点对马克思来说是没有疑问的,他着重指出:"没有妇女的酵素就不可能有伟大的社会变革。"③他微笑着提到,现在已有夫人们选进了共产国际总委员会,比如那位不信上帝的罗夫人就是一例。必须使工人运动本身不出现"狭隘观点",像学究式的英国人和多情的法国人那样去对待这个问题,还必须使"妇女酵素"本身具有必要的纯洁和生命力。

---

① 米拉波(1749—1791),伯爵,法国大革命活动家。由于揭露专制制度而获得声誉。随着革命的发展,米拉波这个君主立宪制的拥护者成为大资产阶级的领袖。1790年起为王室的秘密代理人。
② 《马克思恩格斯全集》第1版第31卷,第546—547页。
③ 《马克思恩格斯全集》第1版第32卷,第571页。

许多年后，当形形色色的"半夜歇斯底里发作的小资产者和小市民钻营者"跳出来鼓吹他们解决妇女问题的观点时，恩格斯坚决捍卫马克思的思想，反对"妇女运动的特殊性"，才使妇女运动纳入"工人运动的一个方面"。妇女的真正解放，妇女问题真正得到人道的解决，正如恩格斯以共产党员身份所指出的那样，只有"在取得政权以后"才能实现。

您喜爱的花——月桂

严格地说,马克思对调查表上的这个问题,与自己家庭的大多数女性不同,作了不十分准确的答复。如果说,大家确实都在谈花:燕妮(母亲)和劳拉喜欢玫瑰花,女儿燕妮喜欢百合花,而小女儿爱琳娜,一般说喜欢"所有的花",那么马克思却用植物学家的词汇说出常绿树"月桂"的名称,莫非是偶然的失言吗?

有一部内容极为丰富的著作,其中的注解充分肯定马克思在这里一般并非指花而言,"月桂"一词是暗指第二个女儿的名字①。在佩脱拉克十四行诗里,劳拉和月桂传统上是密不可分的形象②……当然喽,马克思对所喜爱的名字,可以不用任何暗指反映在该表上,他在下边两行就有表示。此外,还存在一种"调查说法"——即扎耳特博默耳文本的另一回答法。在答复表妹南尼达提出的"您喜爱的花"的问题时,他答的是瑞香,其实这也不是花,是一种瑞香科灌木,这恰好引导我们从自然界的特性上理解这件杰作。

一般来说,马克思对花毫无心灵上的激情,不像他的朋友海涅那样。顺便说说,就在马克思少年诗神时代的养花房里,也找不到它们那

---

① 劳拉(lauru)和月桂(laurus)在外文是一个词。
② 佩脱拉克(1304—1374),意大利诗人,在其所写的十四行诗里,常用劳拉(月桂之意)作为诗中的女主角。

种传统的荣誉地位。不，他根本不为心灵上的某种色盲而苦恼，因为在他作品的字里行间，有足够的鲜艳的繁花和幽雅的芳香，他不过用另一种象征：瑞香、月桂……来表达自己避免过于多情的自由天性罢了。

月桂，对马克思来说，无疑象征着胜利，它使人想起希腊人和拉丁人有一个为诗才和雄辩口才艺术的胜利而加桂冠的古老习俗。每当提起月桂，便使他联想到自己笔记里伟大的佩脱拉克的名字，恰好有这么一段话："佩脱拉克在罗马的卡皮托利山丘上，以所有受教育者和诗人之王的身份接受加冕礼：共和国的一位元老当着众人面把桂冠戴在他的头上。"

您喜爱的颜色——红色

马克思选择了血液的颜色、斗争的颜色、无产阶级旗帜的颜色。他的一生像一块鲜艳的红布,像燃烧起的红色火焰。在 19 世纪中叶的欧洲,他就被誉为"红色博士",这个使无产阶级战士觉醒和使统治者、寄生虫、小市民憎恨和恐惧的称号,是何时产生和怎样产生的呢?也许是从革命科学向"资本堡垒"的最初进攻开始的;也许是向全世界宣布"共产主义的幽灵,在欧洲游荡"的那个时候开始的;也许是从1849 年 5 月他面对普鲁士警察把自己主编的第 301 号《新莱茵报》用全红印刷出版时开始的。1848 年前夕掀起了巨大的革命浪潮。斗争力量日益聚集。德国的"共产党"战斗队团结在由团体、小组和新的志愿者所组成的共产主义同盟的周围。恩格斯说:"这个不大的战斗队,却拥有一个大家都乐于服从的,第一流的领袖**马克思**,并且赖有他才拥有一个至今还完全适用的原则性的和策略的纲领——**《共产党宣言》**。"①

觉醒了的无产阶级力量在资产阶级革命左翼之中涌现。他们争取自己的权力、自由、阶级的联合和教育,为此,德国无产阶级需要民主的旗帜——这种旗帜就是群众性的政论报纸。

恩格斯说:"当我们到达科隆的时候,那里已经由民主派人士,部

---

① 《马克思恩格斯选集》第 4 卷,人民出版社 1995 年版,第 180 页。

分地也由共产主义者在筹备创办大型报纸。他们想把报纸办成纯地方性的，即科隆的报纸，而把我们赶到柏林去。可是，我们（主要是由于有马克思）在24小时内就把阵地夺了过来；报纸成了我们的……"①春季，在科隆建立了由成千上万人组成的工人联盟。从夏初开始，即6月1日正式出版了马克思主义者的报纸。它的股东资金是极有限的，而且这些股东本身也是靠不住的，因此，后来马克思不得不将父亲的全部遗产放进去办报，从此，编辑部工作朝气蓬勃，目的明确，路线端正，具有原则性的纲领。

纲领的主要点是：建立一个统一的、不可分割的德国民主主义共和国。这就意味着需要斗争，反对普鲁士专制制度和世袭的土地占有制度；这就意味着需要揭露君主制的秘密活动以及任何贵族奸党，同时要推翻新的偶像——"革命"的部长、假民主"会议"，揭穿畸形的"议会"和"白痴般的自我欺骗"。

恩格斯曾说："但是，事变却要使人除了嘲笑德国的敌人之外，还要表现出一种昂扬的激情。1848年6月巴黎工人起义的时候，我们正守在自己的岗位上。从第一声枪响，我们便坚决站到起义者方面。他们失败以后，马克思写了一篇极其有力的论文向战败者致敬。"② 也可以说：鲜明地涂上了火焰般的斗争色彩。

马克思在自己这篇政论性的祭文一开始就指出："巴黎工人被敌人的优势力量**镇压下去**了，但是并没有向他们**投降**，工人被**击溃**了，但真正**被打败**的是他们的敌人。暴力取得暂时胜利的代价是：二月革命的一切幻想和空想的破产，一切旧共和政党的瓦解，法兰西民族分裂为两个民族即有产民族和工人民族，三色旗的共和国今后只有一种颜色，即战败者的颜色，**血的颜色**。它成了**红色共和国**。"③

---

① 《马克思恩格斯选集》第4卷，人民出版社1995年版，第183页。
② 同上书，第187页。
③ 《马克思恩格斯选集》第1卷，人民出版社1972年版，第299页。

科隆的革命者们竭尽全力保持和发展革命所取得的成果，建立起人民会议，选举了安全委员会，卡尔·马克思和弗里德里希·恩格斯、威廉·沃尔弗参加了这个委员会。编辑部和工人联盟的领袖们在莱茵广场上举行了有成千上万的莱茵河畔城乡工农参加的游行示威，这次游行示威是在高举红色大旗，高呼建立红色共和国的口号下进行的。

但是，反动派开始了进攻，一个接着一个地攻破了起义者的堡垒。资产阶级出卖了无产阶级，瓦解和镇压了它的力量。在诬蔑和诽谤的海洋中，科隆共产党人的报纸成了一个自由之岛。它保护了人民免遭反动派的袭击；它向农民们提出了要为正义而斗争，反对封建农奴主的压迫和欺骗；它揭露了雇佣劳动的残酷性；它向工人们指出了与资本斗争的社会目的；它每天都报导欧洲几个主要国家革命战线所发生事件的全貌；它号召共和国的战士们准备战斗，并亲自作出勇敢和警觉的榜样。

恩格斯说："在整个德国，人们都因为我们在普鲁士的头等堡垒里敢于面对着8000驻军和警察做出这一切事情而感到惊讶；但编辑室内的8枝步枪和250发子弹，以及排字工人头上戴着的红色雅各宾帽，使得我们的报馆在军官们眼中也成了一个不能用简单的奇袭来夺取的堡垒。"①

马克思的爱子——他创办的报纸终于又遭到了最后一次打击。反动派竭尽镇压之能事，封闭了报纸，停止了它的宣传。他们企图用威胁手段扼杀革命，但这是徒劳的。他们妄图使编辑部失去领导，因而逮捕了马克思，然而在马克思身后有一个巨大的群众队伍。敌人当时采取的总的手段是：封闭报纸，驱逐马克思……

　　整个城市布满了似箭的刺刀，
　　活像箭猪一般，

---

① 《马克思恩格斯选集》第4卷，人民出版社1995年版，第188页。

> 所有的市场和广场，
> 一下子被普鲁士的宪兵们占满……
> 一个中尉带着巡逻队，
> 朝我们的报馆门看了一眼，
> 领头的在鼓声中把禁令宣判，
> 《新莱茵报》严禁出版。

我们听到从被包围的街垒中传来的维尔特·格奥尔格①的声音：它将要被摧毁。《新莱茵报》编辑部在告别时号召科隆的工人们要保持冷静，警告他们每走一步，"不管是发生什么样的叛乱"，都要当心，因为在军事条件下，将会遭到惨败，全部力量也将会遭到毫无意义的毁灭。相反，保护革命队伍和保持冷静态度就一定能推翻狂暴的阶级敌人。马克思的近卫军"在退却时携带着自己的武器和行装，奏着军乐，高举着印成红色的最后一号报纸的飘扬旗帜"。这期报纸的每一句话、每一个字都闪耀着炽热的斗争精神，这种精神渗透在了三百期报纸的每一期上。《新莱茵报》编辑们在和读者告别时，庄严地宣誓：无论何时何地，我们的最后一句话始终将是："工人阶级的解放！"

从最初革命年代开始，在马克思的朋友周围，在最亲近的党内同志当中，"红色"这一绰号已成为最流行的称呼，它不仅是标志着事件的性质或某些政治组织的特点，而且成了一种友好的称谓。编辑部里马克思的一些同事，长年来无不骄傲地把这一称呼看做是自己的第二个名字。

马克思的"革命称号""红色博士"在社会上和出版物上经常被提到，在亲近的同志当中却把他当做朋友，直接称呼他为"摩尔"。有时马克思喜欢在一种异于常规的交往中，甚至用自己的红色绰号吓唬

---

① 维尔特·格奥尔格（1822—1856），德国无产阶级诗人和政论家，共产主义者同盟盟员，《新莱茵报》编辑之一；马克思和恩格斯的朋友。

别人。

在库格曼度过"愉快的绿洲"生活之后,从汉堡航行到伦敦,途中马克思意外地结识了一位女同乡,一位具有"军人姿态"的小姐。她很不客气地声称,她刚刚到伦敦,还需要换乘火车,但是,她不知道车厢在何处,而且又拿了许多厚纸盒和篮子,感到很困难,助人为乐的马克思愿为她效劳。后来,发现离火车到站还有六小时,这位小姐在这个不熟悉的城市里感到茫然,因此,马克思不得不和她在海德公园散步,请她吃冷食。但是,在谈话中他突然知道:这位小姐伊丽莎白是俾斯麦①的侄女,不久前她还在柏林俾斯麦的府邸住了几个星期。"她是一个愉快的、有教养的女孩子,但是连鼻子尖上都带有贵族气味和黑白色彩。——马克思根据普鲁士旗帜的颜色判定她具有典型的心理和观点。"当她知道,她落入了'赤色分子'手中之后,不胜惊讶。但是,我安慰她说,我们的会见不会发生'流血事件',并平安无事地送她上了车。"②

……还有一次,是在德国国土上旅行的故事。马克思乘火车从科隆到法兰克福去,他一个人和一个天主教神父坐在一起。这个神父从都柏林参加爱尔兰圣典刚回来,他兴高采烈,满腔热情,但是,马克思想以"文化斗争"③为由头和他进行交谈,结果遭到了对方的冷遇,甚至报以不信任的态度。马克思开玩笑说:"我是在圣灵的保佑下来的。"有意嘲弄"灵魂"和"亡魂"这个字眼。神父的水壶空了,马克思"给

---

① 俾斯麦(1815—1898年),反动的容克地主的思想家,普鲁士首相,后又任德国首相,以反革命方法实现了德国的统一;工人运动的死敌,反社会党人非常法的炮制者。
② 《马克思恩格斯全集》第1版第31卷,第552页。
③ "文化斗争":19世纪70年代,德国俾斯麦政府为打击天主教教会和中央党所进行的斗争。1873年颁布"五月法",禁止教会干涉司法,教会学校由政府监督等。资产阶级学者称之为"文化斗争",目的在使工人和民主派放弃革命斗争,转而注意所谓反教权主义运动。最后俾斯麦和中央党妥协,全力镇压工人运动。

了他一瓶白兰地酒，让他喝"。神父喝了几口之后，想回答这位旅客所提出的各种问题，但他说需要秘密地进行。他说："在我们德意志帝国多么自由，谈到文化斗争，竟要用英语隐晦地谈论。"在法兰克福停车时，马克思仍然没有吐露自己的姓名，他意味深长地想到：如果在最近几天神父从报上得知黑色与红色国际之间所进行的一场斗智时，但愿他不要惊慌……几天之后，这位天主教显贵从他们的报纸上方才知道，他和著名的"红色博士"打了一场交道。

当巴黎公社刚刚建立，历史上诞生出第一个社会主义政府的时候，在德国、法国、英国……人们都在谈论着"红色博士"这个名字。即使在马克思流亡之时，他也同那些奋勇投入街垒战的人们在一起。他分析当时的形势，讨论起义的具体问题，提出实际的建议。报刊上登载了关于解除武装的传说并非偶然，因为它说，马克思被捕了。不，从伦敦亲友们的信中证实"摩尔平安无事"。

马克思的家庭像期待着自己的亲生儿女一样，然而他们没有等到公社的英雄们从战火纷飞的街垒中撤回来。燕妮说："您无法想象这几天我们经受了多大的痛苦和怀着多大激愤。这些英勇果敢的人们需要20年才能培育出来，而现在他们几乎都在那里进行街垒战。他们当中有的人很有希望，但是，这些优秀的人们都被杀害了，像瓦尔莲、雅克拉尔、里戈、特里顿。"

马克思和恩格斯认为：公社的旗帜将成为全世界的共和国的旗帜。一位不知名的速记专家保存下这样一段有预见性的话，这是马克思当年在"血染的一周"激烈战斗的时刻召开的总参谋部的会议上说的：

"他担心结局快要到来了，但是即使公社被搞垮了，斗争也只是延期而已。公社的原则是永存的，是消灭不了的；在工人阶级得到解放以前，这些原则将一再表现出来。"[①]

[①]《马克思恩格斯全集》第1版第17卷，第677页。

是的，巴黎公社的红色旗帜必将成为生气勃勃的斗争接力棒。

……一小块普通的红布，一尺长，半尺宽，破旧的、被损坏的，但它却是鲜红而鲜艳的，它似乎已历经一百多年了，在安静的博物馆大厅内一下子你是看不完这段历史的，在记载这一伟大事件的文物面前，不由得使人心情激动起来。

沉默不语的红布啊，请你讲一讲你那惊心动魄的故事和你那令人羡慕的命运。想一想里昂织布工人的一双磨损、粗糙的手是如何把你织出来的，又如何把你固定在作为你们的心脏的木杆上。请你说一说，当巴黎公社的起义者在阳光明媚的胜利的节日里，用你作为共和国的象征，高呼"公社万岁！"时，你哗哗地诉说了些什么。

在你身旁走过了扎着红色围巾的第一批公社社员，一些无比忠诚和具有惊人意志的人们：前排走的是蒙马尔特、别里维尔、里雅、沙别里的队伍，他们头戴流行的象征着自由的无檐帽，接着走的是巴黎缝纫工人队伍，天空上响彻着雷鸣般的《马赛曲》①。你和微风一起不就是唱着这支歌曲吗？

请想一想吧，当你飘扬在自治市的上空时，如何使旧世界由于狂暴而变得瘫痪？那时很少有人相信：和你一起在世界上又升起了红色曙光——新社会的预报者。人们都很害怕你，马克思说，公社——是一尊奇妙的狮身人首像，它给资产阶级的脑袋瓜提出了严重的任务。

沉默不语的红布啊！请讲一讲公社社员——那些英雄们在最后时刻的情况吧，讲讲那"流血的五月的几周"，那时发狂的侏儒怪人——梯也尔②使巴黎变成了屠宰场，杀死了无数妇女、儿童和老人。在这些日子里有10万法国优秀儿女被屠杀了。没有一个工人家庭被幸免。那时

---

① 《马赛曲》：法国革命歌曲，是法兰西共和国的国歌，歌词和歌曲的作者是鲁热·德·李耳。《马赛曲》是18世纪末法国资产阶级革命时期创作的（1792年），最初叫做《莱茵军战歌》，是国际工人运动中最流行的歌曲。

② 梯也尔（1797—1877），法国资产阶级历史学家和政治活动家，凡尔赛政府首脑，镇压巴黎公社的刽子手。

你不是也到过那正在进行战斗的街垒吗？人们在战斗中表现出勇敢、热情以及对革命敌人的极端仇恨。在你那红色一角有三处打穿了的弹孔——这是你躯体上的三处伤痕，当凡尔赛分子的子弹向你射击的时候，双手牢牢擎着旗杆的是谁呢？

那时你是在方欠－奥－卢阿大街上，在公社的最后一个街垒。这个街垒保卫了公社的领袖们：路易－艾冉·瓦尔兰、齐奥费－沙尔·费尔、让－巴蒂斯特·克勒曼、路易·沙姆尼等人。还记得他们战斗得多么勇敢吗？他们战斗到最后一颗子弹……当剩下最后一颗大炮的炮弹时，一个年轻姑娘从凡尔赛分子已经屠杀了许多公社社员的森莫尔大街向着街垒跑过来，自愿贡献自己的力量，人们要她走开，避免死亡，但是她不顾一切地留下了。忽然，大炮轰隆一声，这位年轻的不知名的法国姑娘倒下了，也许她的鲜血还飞溅在你的躯体上。打击公社的最后时刻到了……

但是，公社并没有死亡，它继续在战斗。许多年过后弗拉基米尔·伊里奇·列宁写道："巴黎大炮的轰声把无产阶级最落后的阶层从睡梦中唤醒，到处都加强了革命社会主义的宣传。"

沉默不语的红布啊！请你讲一讲，在最后时刻，是谁把你从旗杆上摘下来，又是谁把你保存到10年后，在另一个国度里——俄国诞生了新的"空中领航员"，在旧世界的废墟上树起了一面同样的大旗？从此以后你又转向了巴黎公社的继承人——俄国工人阶级手中。

难忘的1924年7月6日的清晨，高举着标语牌的巨大人流从莫斯科的四面八方向着10月的大地簇拥而来。在接受巴黎公社旗帜的群众集会上，苏联共产党的领袖、共产国际的代表们参加了这一集会，大家焦急地期待着法国共产党的代表携带着这块无价之宝———面大红旗来到这里。从弗谢赫斯维雅特斯克村，经过大陆，在人头的海洋上空向着中央主席台飞来了你的红色一翼。就在这一天，在你的影子的覆盖下，人们有多少热情的心里话要说呀！你还记得法国工人的话吗？他们宣誓说：

"将这一面飘扬在巴黎最后一个街垒上的红旗转交给你们——莫斯科的无产者们，我们向你们保证：回到法国之后，我们将竭尽全力效仿你们的榜样去实现人类的理想。如果巴黎公社最后的见证人现仍还健在，他们也将和我们一起高呼：'为巴黎公社复仇的俄国革命万岁！'

"沉默不语的红布啊！请讲一讲你再次承担的伟大的使命吧！你和布尔什维克党、共产国际的旗帜一起悬挂在列宁的床头——列宁曾高度评价巴黎公社的功绩，他学习了巴黎公社的经验教训，继承了它的事业，使之又重新开始……

"从蒙马尔特到红场，从公社社员手中到列宁的床头——这是一条令人惊奇的，同时又是象征性的道路，它说明了继承工人运动的光荣的革命传统，它说明了无产阶级国际的牢不可破的关系。

"现在已经有成百万、成千万的人们，跟在马克思之后能够重复地说：'喜欢的颜色——红色。'"

您喜爱的名字——劳拉、燕妮

马克思喜欢的名字是他两个女儿的名字：1844年出生的有"法国姑娘"之称的燕妮和一年以后他在布鲁塞尔流亡当中出生的女儿劳拉。这段时间和在此地的生活，明显地反映出马克思天性中最突出的一个特点——父爱。

热爱生活的马克思夫妇以他们全部的思想、感情和活动充分地证明了：穷人家中的孩子不是负担，而是真正的财富，最幸福的遗产。朋友们对马克思家庭中增添的每一个成员都为之欢欣鼓舞，因为他们非常清楚地意识到：这会成长为又一个真正的人，又一个父亲事业的继承人。朋友们相互传递着消息："马克思家中又出现一个年轻的共产主义者，大家叫他亨利希·爱德华·盖依·福克斯，因他生于11月5日，故取名小福克斯。①"朋友们可以评价这个美好的名字，因为小福克斯的同名者是一位"爆炸事件"的著名英雄，他在两个半世纪以前策划以巨大的爆炸行动把英国的全部统治者，连同其国王雅克夫一起"送上天"。

为了全面介绍马克思的这种天性，他的亲人和朋友们都认为：哪怕是一次也好，应当看一看他和孩子们在一起时的情况。有时他书还没有

---

① 小福克斯，生于1849年11月5日，而"爆炸"英雄亨利希·爱德华·盖依·福克斯生于1605年11月5日，故取了个相同名字。小福克斯于1850年11月19日夭折。

读完，就放下笔和笔记本，活动一下筋骨，全神贯注地去享受那幸福的时刻。这时，他成了坦率而又质朴的孩子们的温柔的、使人喜欢的、愿意亲近的好朋友。马克思非常喜爱孩子，威廉·李卜克内西说："他的这一天性是多么的强烈和顽强，他的感情是牢固地建筑在朴实和真诚的基础上的。马克思知道，他要把心中充满的朝气蓬勃的温暖的感情献给孩子们。"

马克思的孩子们，从父亲那里获得了人世间童年时代的最大欢乐——参加了由他们自己搞的家庭水域中的小舰队的战斗；在长距离的散步时聆听富于诱惑力的故事；在汉普斯泰特小山岗上玩骑兵式的战斗……

从父亲那里她们懂得了生活，学会了克服前进中的困难。"小燕妮在一年级时获得了第一名奖赏，父亲分享了这种快乐——而小劳拉的功课也受到了表扬，她俩都是班上最小的孩子。"

从父亲那里她们很早就认识到自己的责任，懂得珍爱心地纯朴的坦率性格和高尚的平等思想。拉法格曾引用马克思最喜欢的一句话说："孩子们应当教育自己的父母。"他在和非常眷恋他的女儿们的相处中，没有流露出一点父亲的威严。他从来没有用命令的方式要她们去做什么事，而是请她们去做什么事，或者说服她们不要去做对她们不好的事。然而，很少有这样的父亲使孩子们如此听话。

女儿们长得特别快，简直比写需要反复思考的《资本论》各章还要快。一对热恋着的马克思夫妇还没有来得及和自己的青年时代告别，孩子们就已临近了青春时刻。然而逝去岁月中的那种忧愁、悲痛却一扫而光，他们欢乐、甜蜜的生活使他们保留了火热的青春。他们为女儿们长大成人而高兴。燕妮甚至不怕别人说她是一个"洋洋得意的母亲"，她像写小说一般绘声绘色地描述两个年轻的、名字为马克思所喜欢的女儿们的肖像。她说：

"她俩都有一颗善良的心，良好的爱好，真正的谦恭诚朴和少女的羞涩。燕妮5月1日满17周岁。她是一个特别招人喜爱的姑娘，头发是黑油油的，眼睛也是黑亮的，泛着红晕的圆脸还带着稚气，一双深邃的眼睛闪烁着温柔的目光，使她显得非常动人，她具有英国人所特有的那种清秀的气质。看到她那动人的、善良的宛如苹果一样的圆圆的孩子的脸，便使你忘掉她那个向上翘起的难看的小鼻子；她张开动人的小嘴，露出洁白整齐的牙齿，会使你高兴起来。

劳拉去年9月已满15周岁了。说实在的，她长得比姐姐更漂亮，五官更端正，完全和姐姐相反。她的身材与燕妮相仿，体格匀称，举止文雅，都和燕妮一样，但是处处显得更明快、开朗和活泼一些。她脸的上半部长得更漂亮，自然的棕色卷发显得格外秀丽，她那双淡绿色的、机灵的、长着长长睫毛的眼睛，闪烁着快乐的火花。她的额头形式宽阔而美丽。只是脸的下部长得不够十分理想。总之，这两个女儿长得都可以说是花容月貌。但这两个孩子都很少撒娇，这点使我时常暗自感到奇怪。更使我感到惊讶的是，不仅如此，而且不让我谈论她们的母亲在青年时代怎样穿着薄纱连衣裙飘飘摇摇的……

她们在学校里总是得头奖，她们能运用自如地掌握英语，法语也相当不错，能阅读但丁的意大利文的作品，也能看西班牙文的一些书，只是德语不知为什么怎么也学不好，虽然我经常努力地和她们讲德语，但她们从来都不愿意学它，甚至连我做母亲的威严和对我的尊重都不起作用了。燕妮有着绘画才能，更善于把房间布置得很漂亮——她用铅笔画了好几个设计图。劳拉对画画是马马虎虎，我们不得不停止教她学画。但是她弹一手好钢琴，并能非常协调地和姐姐一起唱德国、英国歌曲的二重唱……

这两个姑娘可爱而又纯朴的性格给我们带来了许多欢乐，但是她们最小的妹妹是全家最宠爱的小宝贝和小淘气。"

据说，马克思对孩子的喜爱在他青年时代就已成为他的禀性。玛丽安娜·科敏记得曾经在参加马克思家中的"道勃雷俱乐部"会议上，恩格斯与主人一次简短对话的一个场面：恩格斯邀请年轻人参加他组织的另一次晚会，他问马克思："你去吗？"恩格斯指着一群姑娘说："她们也要去的。"

马克思博士调皮地微笑着摇摇头说：

"不，我不去，你的客人都是些年龄太大的人。"

"17岁的年龄还算是太大吗？"

"我喜欢她们都是些孩子，完全是小孩子的时候……"

玛丽安娜·科敏从他最后一句话发现：博士讲话时，是用"严肃的声调"说的，从这句话中听起来，他好像对爱孩子的年龄上有一个严格的界线。其实后来在他和女儿们的书信来往中，像过去一样充满了最温柔的父亲的感情，只是随着岁月的增长，他的爱和亲切的关怀很难分开了。

我们翻开马克思在填写自白调查表前后的书信来看一看。（我们不要忘记，他两个大女儿已接近20岁，甚至爱琳娜也不再幻想逃跑能碰上一艘军舰了。）在马克思的信札中，在处理一些严肃的事件中，他都流露出温存的甜蜜的微笑、孩子般的纯洁、成熟的智慧、宽容的态度和聪明才智。

马克思在**致燕妮**的信中说："我亲爱的孩子：……我梦见你穿着自己那套运动服，巧妙地表演了达文波特的戏法以后，做了几次极其惊人的翻腾，几乎飞到空中去了。我的老朋友的这种成功使我充满了骄傲的感情，使我的自豪感得到很大的满足。我也清楚地回想起很久以前你在旷野上的金犊前面所表演的不太轻盈的舞蹈。……"[1]

马克思在**致劳拉**的信中说："我亲爱的白鹦鹉！遗憾的是，我不能在家里为我可爱的明亮的小鸟眼睛庆贺生日，但是老尼克的思想永远和你在一起。

---

[1] 《马克思恩格斯全集》第1版第31卷，第446—448页。

您喜爱的名字——劳拉、燕妮

你被锁在

我的心窝里。"①

马克在**致爱琳娜**的信中说:"我心爱的 ±∞⫟老师:无论蒙您扮演什么角色——无限小的或无限大的,我对您的无限量真是佩服得五体投地。"②

马克思在**致劳拉**的信中说:"告诉古古,灾祸就要临头,皇帝觉得他被**自己的**臣民遗忘了,因而有些抱怨。"③

讲故事带表情,指名道姓的绘声绘色的孩子们的语言仍然盛行。皇帝、奎奎、W、唐·吉诃德——就是纳闷、听不懂的燕妮;白鹦鹉、厨房中的能手、女骑手、女诗人——就是文雅的、有才干的、爱好体育的劳拉;王子古古、杜西、艾莉——就是最年轻的继承人爱琳娜。④ 而威严的摩尔本人向女儿们自我介绍,我是"怪博士、老尼克、∞⫟。"

不管她们的性格、她们的禀性、倾向、爱好有多么不同,但是,她们每一个人很早就意识到:她们的家庭是一个展翅高飞的鹰的巢穴,保卫人类正义的熊熊烈火正是她们的父亲点燃起来的。她们每个人刚一成人,就成了父亲的积极的鼓舞者和忘我的助手,每一个人都做了大量的秘书工作,经常以政论家、组织者、共产主义学说的宣传者独立地参加革命活动。马克思不断地以最大的关怀抚育她们,小心翼翼地磨炼她们珍珠般的才华。

当她们正在青春发育的时刻,在少女心中除了对父亲的爱之外,又燃起了新的爱的火焰,另一个男人的形象进入了她们的心房。由劳拉开始,在马克思家中出现了一个精力充沛的年轻人——保尔·

---

① 《马克思恩格斯全集》第 1 版第 32 卷,第 620 页。
② 《马克思恩格斯全集》第 1 版第 31 卷,第 528 页。
③ 同上书,第 527 页。
④ 此处讲的是马克思三个女儿在家庭中的绰号。

拉法格①，医学系的大学生，由于他参加世界大学生代表会议，到伦敦办理共产国际的事，被巴黎大学开除。有一次马克思碰上了他俩正在幽会，他确信：他的这位新的学生"把自己的感情从老头转向了女儿"，他像一个眼光敏锐的哨兵，起来保卫他的家庭中神圣的感情。马克思对拉法格热情而坚决地说：

"如果您想继续维持您同我女儿的关系，您就应当放弃您的那一套'求爱'方式。您清楚地知道，并没有肯定许婚，一切都还没有确定。即使她同您正式订了婚，您也不应当忘记，这是费时间的事。过分亲密很不合适，因为一对恋人在长时期内将住在同一个城市里，这必然会有许多严峻的考验和苦恼。我惊讶地看到您的举止在只有一个星期的地质年代里，一天一天地起变化。在我看来，真正的爱情是表现在恋人对他的偶像采取含蓄、谦恭甚至羞涩的态度，而绝不是表现在随意流露热情和过早的亲昵。如果您借口说您有克里奥洛人的气质，那么我就有义务以我健全的理性置身于您的气质和我的女儿之间。如果说，您在同她接近时不能以适合于伦敦的习惯的方式表示爱情，那么您就必须保持一段距离来谈爱情。明白人，只要半句话就会懂的。"②

父亲审慎严肃的教训，使他们俩的关系正常了，过了一年之后，他们的感情经受住了考验。劳拉与保尔从马克思的家庭坐上了"婚礼的列车"奔驰而去了。父亲经受住了这种习以为常的、不可避免的离别之情。他在信中很有感情地奚落他们说："从你和你的丈夫（请原谅我这样的称呼）的信中我幸福地得知你已经能够很好地抑制住自己的感情，至于提到你的丈夫，在目前这种危险的环境下，他给我寄来了一包书，说明了关于他善良禀性的任何一句话都是雄辩的……"后来他发

---

① 拉法格·保尔（1842—1911），法国工人运动活动家，第一国际总委员会委员，法国共产党的创始人，杰出的马克思主义宣传家，马克思的女儿劳拉的丈夫。
② 《马克思恩格斯全集》第1版第31卷，第520—521页。

现了他这位亲戚和战友的身上有许多优点、才华和高贵的品质。

和大女儿燕妮也很快分手了,她嫁给了沙尔·龙格①已经四年了,龙格也是一位革命者,巴黎公社社员,也许这是他们分手的原因。大女儿在思想上和他是相通的,她完全是父亲的影子。出嫁后,她和父亲更亲近了。对沙尔的考验比较简单,恩格斯在从马德里寄给劳拉的书信中诙谐地描绘说:"在你们宣布订婚时,如果开你的玩笑,说你具有'恋人的慧眼',那你可以认为这是对你的奚落","燕妮在这方面做了最大的努力"。"我的看法,龙格是个好同志。但是,也要考验一次,后天龙格在马克思家中将进行'表演',由他烹调法国诺尔曼式比目鱼,这是他们的民族风味菜,也请了我们。真有趣,他的妻子一定会高兴极了。他烹调的最后一道菜——红焖牛肉,没有做成功。"

马克思在国外的半个世纪中产生了新青年的革命思潮,现在又轮到孙子辈们闹革命思潮的时候了,他们充满了未成年人的强烈希望,其中有几个是龙格的继承人,他们手持生活的接力棒到了下半个世纪中叶。其中有:让——"琼尼"②、马塞尔——"伟大的帕"③,艾德加尔——"狼"④。

马克思对外孙们仍然是小心翼翼地关怀,这使我们回忆起他的一句名言:"我喜欢他们小的时候。"正是从马克思的谈话中使我们知道,他对某些事情突然有些责难,他说,"保尔最后一封信使他有些生气,这封信详尽地谈到运动的有关细节,但是一句也没有提到最宝贝的小苦

---

① 沙尔·龙格(1839—1903),法国工人运动活动家,新闻工作者,第一国际总委员会委员,巴黎公社社员,马克思的大女儿燕妮·马克思的丈夫。
② 龙格·让·罗朗·弗雷德里克(小名琼尼)(1876—1938),燕妮与沙尔·龙格的儿子,马克思的外孙,后为法国社会党和第二国际改良主义领袖之一。
③ 龙格·马塞尔(小名伟大的帕)(1881—1949),燕妮与沙尔·龙格的儿子。
④ 龙格·艾德加(小名狼)(1879—1950),燕妮和沙尔·龙格的儿子,马克思的外孙,医生,法国工人运动活动家,1938年起为法国共产党党员,第二次世界大战时抵抗运动的参加者。

命人的事"——这里指的是沙尔·龙格的三岁的施纳平的身体状况。他和女儿谈话的内容正是询问孙子的身体健康情况，他说："你应当每天给我写一封信，告诉我他的身体状况，并告诉我一切真情。"这里指的是他的宠儿——让。"这个小孩是我的宝贝，像眼珠一样宝贝。"他经常忍受着自己直系的孙儿孙女们的痛苦与不幸，他向自己的朋友承认说："在这方面我不是不动情的人，家庭的不幸对我来说永远是一件重要的大事。"当燕妮第一个孩子夭折时，摩尔简直坐立不安，"我们的房子像冰窟……每一步他的影子都跟着我，当我想念他时，我的心就往外流血，难道说能忘记这个调皮的好孩子吗！"

马克思家庭中每一代的"每一个新来的人"在善良的魔术师、"老尼克"心中越来越占据很大地位，当然，还不能完全取代女儿们可爱的形象，而是和她们融合在一起，在他的记忆中又出现了她们过去的喧闹的童年生活。马克思坐在桌旁工作，在一个人也没有的寂静的房间里，他清楚地听到各种声音——他说："有时我跑到窗前，听到孩子的声音，很像我们的孩子的声音，在一瞬间，我忘记了这几个大孩子在拉·曼什那边。"只要外出散步就想到他的外孙们——突然这个"伟大的人物"碰上了一个他认识的看守人，他提出了一连串关于外孙的问题：有什么新消息？到海上去了没有？到非洲大陆上去了没有？他幻想着和这些小家伙们在那里见面。他说："我多么希望在美好的一天，那个神话中的飞毯能把小琼尼送到我的身边。我亲爱的小外孙肯定会喜欢摩尔人、阿拉伯人、柏柏尔人、土耳其人和黑人……一句话，所有巴比伦市内的人和身穿东方服装的人（大部分都是优秀的人民）。"因此，他要求他所爱的女儿燕妮代替他吻吻小哈利①，听话的小狼，还有伟大的帕。

虽然马克思家庭旁系亲属与日俱增，越来越繁重的担子都落到了女

---

① 龙格·昂利（小名哈利）（1878—1883），燕妮和龙格·沙尔的儿子，马克思的外孙。

儿们的身上，但是，她们总是尽力用自己坚实的双手承担大量的父亲的工作。

当然，她们代替不了他整理手稿、参加会议、与各党派代表谈话以至给共产国际写一些书信。马克思深知自己无法被人代替，就作了一些明确分工，给自己留下大部分难以处理的事情。同时，他也知道，也感觉到：女儿们代替不了他，如果她们当中发生了什么事，毫无疑问地她们也不得不依靠父亲去合理地安排。

马克思常说："我会很快到**你们身边**，一切都会安排好的。"

您喜爱的菜——鱼

现在,很难想象19世纪中叶在巴黎和伦敦的小饭馆里吃鱼的情景,但是我们确实知道:马克思并没有能够经常吃到他最喜欢吃的菜肴——鱼。

1852年秋天,马克思的全家"从大人到孩子"都病倒了,然而,他没有钱去请医生。在他致恩格斯的一封信中,他承认了自己的困境,并说:"八至十天以来,家里吃的是面包和土豆,今天是否能够弄到这些,还成问题。在现在的气候条件下,这样的饮食自然没有什么益处……最好和最理想的是能够发生这样的事:女房东把我从房子里赶走,那时,我至少可以免付一笔二十二英镑的款子。但是未必能够指望得到她这样大的恩典。此外,还有面包房老板、牛奶商、茶叶商、蔬菜商,还有肉铺老板的旧账。怎样才能还清所有这些鬼账呢?最后,在最近八至十天,我从某些庸人那里借了几先令和便士,这对我来说是最不痛快的事情,不过,为了不致饿死,这是必要的。"①

就是在最顺利的日子里,马克思也从来没有"美餐"过一顿。恰恰在他的书信中你是根本找不到有关烹调佳肴的任何描写,除了他不得不回忆起的"粗茶淡饭"之外,还有感谢恩格斯赠给他的西班牙上等葡萄美酒和健身药品;对未来的亲戚——弗朗索瓦·拉法格满怀崇高敬

---

① 《马克思恩格斯全集》第1版第28卷,第126—128页。

意的问候——他说，谢谢寄来的东西，品尝后很满意，"我自己出生在酿葡萄酒的地区，过去还是葡萄园主，所以能恰当地品评葡萄酒。"还有一次来了一位客人——一位伯爵宴会上的常客，审慎的女主人燕妮很不安，她微笑着预先声明说："不要见怪，我们没有精美的菜肴，像烤狍肉、色拉油浇汁凉菜、冷食……"

马克思并不是经常都能吃得很香、很甜，拉法格说，这对他们的家庭是个灾难。马克思对工作有着无比的热情，甚至使他废寝忘食，他常常要被呼唤好几遍才下楼到餐室去，而且几乎不等咽下最后一口饭就又回他的书房去了。

他吃得很少，甚至因胃口不佳而感到痛苦；为了增强食欲，他尽量吃些调味很浓的带刺激性的食物，如火腿、熏鱼、鱼子酱和泡菜等。他的胃囊不能不为他的头脑的繁重工作付出代价。由于思考是他无上的乐事，他的整个身体都为头脑牺牲了。

您喜爱的格言——人所具有的我都具有

有人常把马克思描写成一个忧郁阴沉、冷酷无情、性格倔犟、望而生畏的人,活像那位嘴角上从无一丝笑容,独自高踞于奥林匹斯山上专司雷电的雷神丘必特。对熟知马克思的人来说,这种传说是最可笑不过的了。

这样一位刚毅不屈的战士同时又是一位最善良温厚的人,这对于那些专门研究人类性格的人来说是不足为奇的。他们懂得,正因为他有着深挚的爱,所以才有这样强烈的恨;他之所以能像但丁那样以辛辣的笔调把一个人永远送入地狱,也正因为他的忠实的温厚;他的讽刺的幽默具有酸类一样的腐蚀力,但也正是这种幽默足以慰藉穷困的被压迫的人们……

> 他是人,是一个完美之人,
> 我再也见不到像他那样的人了。

综上所述的那一篇篇自白,不正是以其最雄辩的事实在证明:人所具有的这位斗争的天才都具有,而且还具有极为宽宏的特性和"独具的性格"。自白已近尾声了,马克思已为我们讲了许多有关自己的事:如谈到他在生活中想得到什么,用何种途径去达到目的,他怎样去为全人类而工作,珍重过什么,抛弃过什么,爱过谁,恨过谁,饱经何种风霜，等等。这一切都是马克思身上所具有的，也是人类所具有的。如若把马克思的多面性格说得更准确，把他对人世间所流露出的个人情调弄清楚，那就请允许我在这里，面对他那些书信遗产里的栩栩如生的话语，提出近十来种通常来说是普通的，甚至是偶然的某一侧面的问题。

"请原谅，尊敬的博士，在这简短谈话的开头就想问一下：在您的生活里，难得轻易抽出宝贵时间用于恢复体力，独自休息，那些日子不知您是如何度过的？"

马克思："……我住的是私人的房子，而不是旅馆或饭店，不然的话，就未必能避免关于当地的政治、教区的丑闻和左邻右舍的是非的那种令人厌烦的议论。……至于我自己，则已经变成一根游荡的手杖，白天大部分时间散步，呼吸新鲜空气，一睡就是十个小时，什么也不阅读，写得就更少了，完全陷入佛教视为人类极乐的精神虚无状态。"①

"您在下棋上运用数学优势为朋友们所共知，和您赞同莱辛对象棋的评语'游戏，有许多正理；正理，也有许多是游戏'的那些话也为人所知；然而这些能激起竞技精神吗？"

马克思："昨天晚上我们家里没有'骚动'，而是洛尔米埃一家来做客。我同路易下了两盘象棋，让他赢了一盘。你猜这个古怪的小伙子卡列班在告别时用最庄重的语调对我说了什么？——'但愿您对我不要见怪。'"②

"由此说来，路易是把发怒与莎士比亚《风暴》剧中的半人半妖相提并论，使您的竞技才干受挫……然而博士，您对赌博有什么看法？据说您曾到过蒙的卡罗……"

马克思："我不喜欢去赌场。你想象一下，在饭店，在咖啡馆等地方，人们谈论和窃窃私语的几乎全是关于轮盘赌……例如，一会儿某个

---

① 《马克思恩格斯全集》第 1 版第 31 卷，第 508 页。
② 《马克思恩格斯全集》第 1 版第 32 卷，第 533 页。

年轻的俄国女人（某俄国外交官的妻子，'俄罗斯'旅馆的一个房客）赢了一百法郎，当场又输了六千法郎；一会儿某人已经没有回家的路费了；另一些人输得倾家荡产；只有极少数人在这里赢了很少一点钱走了；我指的是赌徒中的少数人，而他们几乎全是富人。在这种场合下根本谈不到精打细算等等；只有很小很小的机会可以碰上好'运气'，尽管如此，如果人们有一笔可观的赌注，他们就会拿它去冒险。……确实有很多男女赌棍都相信这种纯属碰运气的赌博的科学；先生们和女士们坐在'巴黎咖啡馆'门前或娱乐场的美丽花园的条凳上，手持计算表（铅印的），低着头，在乱写乱画计算着什么东西，或者，一个人深思熟虑地对另一个人述说他所喜欢的是'哪一种办法'——是否应该赌'级数'……可以认为，人们入了疯人院。"①

"现在谈谈幽默。说来真有趣，就像一个人握住长鞭子在自己身上开着玩笑似的。比如有这么一件趣事：有位年华貌美被你迷住了的'陌生女人'发出盛大午餐的邀请，您如何答复呢？"

马克思："亲爱的小人国小姐！您要原谅我回信'迟延'了。……在我收到我一点也不知道是哪个调皮鬼给我的请帖以后，我真有点糊涂了。但是我相信，您一定办得很光彩，您同包办筵席的人一定安排得很体面，我很愿意借着这次多少有些意外的机会来享用您的饮食。但是请您不要看轻喝的东西，据说女孩子是有这个坏习惯的。我有风湿病，所以希望在您的客厅里不要有穿堂风。必要的通风，我自己会来安排的。我的右耳有些聋，所以请您在我的右边安排一个谁也不喜欢同他交际的不爱说话的家伙。在我的左边希望您安排一个美人儿，也就是说，您的客人中的最美丽的女士。我有嚼烟草的习惯，请把烟叶准备好。我从前同美国佬打过交道，因而染上了吐痰的习惯；希望痰盂多放几个。因为我的举止很随便，我受不了这种闷热的英国空气，所以您应当作好准

---

① 《马克思恩格斯全集》第1版第35卷，第322—323页。

备：我要穿像亚当那样的衣服来。我希望您邀请的女客也穿这种衣服。再见，我亲爱的不认识的小淘气鬼。永远是您的怪人博士。"①

"您是否有收集遗物的嗜好呢？"

马克思："库格曼在我的生日给我寄来莱布尼茨②工作室里的两条壁毯，使我非常高兴。事情是这样的，莱布尼茨旧居去年冬天拆掉了，愚蠢的汉诺威人本来可以用这些遗物在伦敦做一笔好生意，他们却把所有的东西都扔了。这两条壁毯上的画面取材于神话，一条上面是尼普顿③在波浪中……另一条上面是维纳斯④、阿穆尔⑤……都带有路易十四时代的恶劣风格。但是当时的手工，质量（耐用性）比现在的要好。我已把这两样东西挂在我的工作室里。……我是佩服莱布尼茨的。"⑥

"您是否常受忧郁情绪的压抑而经常沮丧呢？"

马克思：有点惘然若失，有时犯重忧郁症，像伟大的唐·吉诃德一样。

"您是怎样对待室内小动物的？据说，留给您照管的动物，还得如期做'情况'和'自我感觉'总结报告……在恩格斯那里，这种情况多半是忧郁调子，仿佛某个'可怜的刺猬最后一次被灌醉了似的'……还是谈谈您的'报告'吧。"

马克思："我亲爱的小古古⑦！……首先说说你的动物。萨姆博几乎和我形影不离，它是想用这种或那种方式来补偿它的最高统治者不在家的损失。布莱基一切如常，像个绅士，不过像个很枯燥无味的绅士。托米又一次尽了她的全部力量来证明马尔萨斯理论的正确性。海伦今天

---

① 《马克思恩格斯全集》第1版第31卷，第480—481页。
② 莱布尼茨（1646—1716），德国唯心主义哲学家、物理学家、语言学家。
③ 尼普顿：指海神。
④ 维纳斯：原为罗马神话中春天和花园女神。
⑤ 阿穆尔：即丘比特。罗马神话里的爱神。
⑥ 《马克思恩格斯全集》第1版第32卷，第489页。
⑦ 爱琳娜在家里被戏称为中国皇太子古古。

似乎要消灭这个老妖婆的新后代。惠士基,这个善良的庞然大物,起初就像卡丽普莎一样无法安慰,并且由于您的离开而陷入绝望。它拒绝啃最好的骨头,根本不走出你的卧室并且整个说来表现出'美好心灵'沉痛的一切征象。只要一提起你的名字,它就要发狂。迪基原来是个很好的歌手,我们俩通过共同'练习'争先恐后地发挥自己的音乐才能。不过有时当我开始吹口哨时,迪基就像路德对待魔鬼一样对待我,它转身把自己的……冲着我。约科又出现了,但是它的情绪非常坏。它断定你不在以后,就神情忧郁,尽管海伦多次想抚摸它,它总是拒绝。使约科伤心的另一个原因是,园丁把小花园收拾整齐了,而约科正当地认为这个世界是它的领地和官邸。约科现在失去了它所欣赏的小丘、洞穴、小坑和一切优美的紊乱状态。至于其他'动物',他们不属于不会说话的动物之列,而恰恰相反,是非常饶舌的,他们完全能出色地报告自己的情况,我现在对他们只字不提。"①

"您是否对大自然的风景有强烈的爱感?"

马克思:"我的房间面对着地中海的一个海湾,阿尔及尔港,以及像罗马剧院那样沿着小山坡层层高起的别墅(这些小山的山脚下是谷地,上边是另外的一些小山);远处是群山;而且可以清清楚楚地看见麦提福角后面——卡比利亚山脉中——的雪峰,朱尔朱腊山脉的最高峰。……再也没有比这里早晨八点钟的景致、空气、植物——欧洲和非洲奇妙的混合——更迷人的了。……在近似半椭圆形的美丽的海湾里,海浪色调的变化非常有趣:雪白的浪花拍打着海岸,由蔚蓝变成碧绿……昨晚月光照耀下的港湾呈现了一幅美妙的图画。对走廊前面的海景,我总是看不够。……对于我来说,再没有比阿尔及尔市,特别是它的郊区的夏天和春天更具有魅力的了,假使我身体健康而且我所有的亲人(尤其是几个外孙)都跟我在一起的话,我会感到自己如同在《一

---

① 《马克思恩格斯全集》第 1 版第 32 卷,第 589—590 页。

千零一夜》中一样。"①

"好了，就剩下最后一个问题了：如果您犯了错误，您会轻易地承认吗？"

马克思：我随时都在准备着承认自己的错误。"Nihilhumani a me alienum puto"（人所具有的我都具有）。

"我是一个人，可人所具有的我都具有"，这句名言已相传有两千多年了。最初这句话，源于古代戏台上演普卜利乌斯·太伦斯②的《自我折磨者》一戏中的台词。这句话到了马克思的口里，便又增添了一层特殊的色彩——这里既有对人的纯朴的尽力追求，又含有对令人怀疑的绝对正确的最后一剂解毒药。

马克思曾不止一次地研究过这位著名的罗马喜剧家的作品，看来，引证得最多的是《来自安德罗斯的姑娘》。"Nine illaelaerimae"（原来这就是痛哭流涕的原因）。无论是在哲学方面揭露杜林，无论是反对那些矛头对准共产国际的职业讹诈者，也无论是对那些自我解嘲者，这句格言都恰好作了尖刻的剖析。

在这里，再把马克思的女儿们对喜爱的格言的答复谈一下。把她们的答按顺序排列起来：燕妮——"忠实于你自己"，劳拉——"要认识自己"，爱琳娜——"目标向前"，这些与她们父亲的话是何其相似啊。

---

① 《马克思恩格斯全集》第1版第35卷，第41、46、49、284页。
② 太伦斯（约前195—前159），古罗马喜剧作家。作品有《宦官》、《来自安德罗斯的姑娘》，对后来的欧洲戏剧有一定的影响。

您喜爱的座右铭——怀疑一切

有的读者也许读过关于生活在我们身边的某个幸运儿的讽刺诗。当怀疑——这个"令人厌恶的小虫子"没钻进这个幸运儿的心灵之前,他一直是生活得很幸福美满的。一旦怀疑钻进来,他马上就产生"无穷的烦恼"、"失眠症"、"神经官能症",而且会出现"家庭的裂痕"——一句话,事情会发展到难以收拾的地步,只好和"这个罪恶的小虫子"决裂。"我们的主人公——既不是英雄,又不是天才,但他这一生过得倒挺自在。"——讽刺诗人的用心很明白:"对什么都不怀疑的人倒是一个幸运儿。"

鉴于类似立论,我们可想而知,那个藐视浑浑噩噩、无所事事的安宁,遵照"怀疑一切"这个不妥协法则自觉探求生活中各种现象的人物,该具有何等巨大的精神力量和气魄呀。

马克思早在开拓自己道路的时候就断言:"只有通过批判旧世界"才能创立新世界;哲学家们"在自己办公桌上清谈识破各种谜底的办法,让愚昧无知的世界张嘴等着吃那种绝对科学的炸松鸡"的时候,不知白白葬送掉多少宝贵的光阴;哲学逐渐成为世俗的学科,于是哲学意识的本身便在斗争的旋涡中形成和被发掘出来。这位未来的共产主义的导师所开拓的崭新方向——不是那种妄图建立"供未来各个世纪使用的一劳永逸"的学说;他认为自己的迫切任务是:"要对现存的一切进行无情的批判,所谓无情,意义有二,即这种批判不怕自己所作的结论，临到触犯当权者时也不退缩。"①

要知道，马克思探索伟大的人类真理和正义的人类世界的阿莉阿德尼线②正是从这里开始。他的怀疑——总是有所发现；他的批判——总是有所创见。他似乎专门想使这条线尽量明显地贯穿在他的每部代表作中，甚至从书面上也能看得清清楚楚。

批判、批判、批判！他每部著作的扉页上都写着这样响亮的字句。让我们回顾一下事实吧：马克思 25 岁时撰写的第一部原理著作便定名为《黑格尔法哲学批判》。两位战斗的唯物主义者合著的第一部作品《神圣家族》副标题也尖锐地提出"对批判的批判所进行的批判。反对布鲁诺·鲍威尔及其同伙"。在这种极文雅的精神鞭笞中，读者见到了真正智慧的闪光，他在这里对那些变形人物所采用的"批判"方式，甚至连奥维得③本人都羡慕不已。再有《德意志意识形态》，这是一部制定历史唯物主义原理的著作，目的是"批判以费尔巴哈、鲍威尔和施蒂纳所代表的现代德国哲学以及各式各样先知所代表的德国社会主义"。《资本论》的著名序言也定名为《政治经济学批判序言》，连《资本论》本身也有第二个名称，即《政治经济学批判》……

马克思批判的全部精神在于从结构上重新验证现存的社会概念，分析和综合前人已发展了的人类思想。弗·伊·列宁让年轻的共产主义建设者们重视马克思对一切都要用批判的态度加以审视，"任何一点也没有忽略过去"的精神，决不是偶然的。马克思对任何一点，对任何一个课题，凡是未经他本人深刻理解和体验的，一律都要重新加以研究。

---

① 《马克思恩格斯全集》第 1 版第 1 卷，第 416 页。
② 阿莉阿德尼线：古希腊神话中克里特王米诺斯的女儿阿莉阿德尼，曾用小线团帮助提修斯逃出迷宫。后来人们用"阿莉阿德尼线"来比喻能帮助解决复杂问题的办法。
③ 奥维得（公元前 43—约公元 18），古罗马诗人。作品有埃勒格体爱情诗和充满幽默和讽刺的醒世长诗《爱的艺术》、《爱的医疗》。还著有神话史诗《变形记》等。

您喜爱的座右铭——怀疑一切

拉法格强调指出，这位天才思想家是有极其严肃的科学良心的。

在他的创作试验室里准备作为标本使用的任何事物，他首先都要极深入、全面和彻底地进行剖析。他认为这是他不可推卸的责任。让我们再次拿他的厚厚的讲稿和大量的工作笔记作例吧。那些东西是他特有的精良装备。他经常像动用可靠的后备军似的使用这些装备。在爱琳娜出生的那年冬天，他重新翻阅了他的政治经济学笔记，"若不是为了写东西，那起码也是为了占有材料，并为撰写东西作好充分准备。"由于违犯作息制度，他读书读得"两眼严重发炎"。正因为他用多年的时间仔细研究论证每个课题，才拖延了《资本论》第二卷的定稿时间。恩格斯说："直到死以前他一直在搜集全部材料。"马克思遗留下第二卷的上千页手稿，同时也留下了堆积如山的查阅的书籍。"仅仅为了弄清俄国的统计学，他查阅过的书籍足有两立方米之多。"

马克思在他的学者道德法典中特别突出的一条就是严谨的治学态度。"我还有一个特点，"马克思承认，"假如我发现我一个月以前写的某些东西已经不适合我的要求，那我一定把写过的东西从头全部审阅一遍。"

读者是否还记得巴尔扎克所描写的心理学的名著《不知名的杰作》？瞧，某些权威的目击者正是这样确信：马克思本人的经历多多少少有些像巴尔扎克笔下的主人公——那位天才画家不得不经历的情况一样。他从来不满足既得的成绩。"永不满足的求知的欲望使他迫不及待地去探索最艰难的课题；而那难以满足的自我批判精神又同样使他无法迅速通过难关。"

记得，当《政治经济学批判》的手稿准备付印的时候，他意外地在最近一期《经济学家》杂志上读到麦克拉伦《通货史》已出版发行的消息。马克思搁下笔说："我不读完这部著作，我是不能最后脱手定稿的……我的理论良心是不允许我在不熟悉这部著作之前继续写下去的。"还可以《地租》那章为例。在那一章定稿时，德国又出现了农业化学；法国人收集了大量资料；从日本又寄来了新颖的材料。所出现的这些大量材料"都充分地印证了我的理论"，因此，通过"怀疑一切"，使这一章变成了一部书。

恩格斯对马克思的创作过程是入微了解和深刻理会的，衷心钦佩马克思"以无与伦比的治学态度和自我批判的精神来竭力使他在经济学方面的伟大发现在发表前能达到十分完善的地步"。但是，就连恩格斯看到他的朋友陷入无止境的自我批判之中也表现得缺乏耐心。

革命的科学唯有经过无情的批判，才能在已有结论面前立于不败之地。再痛苦的真理，对它来说也比那些安慰人心的自欺欺人之谈要甜得多。这种科学是从各种困难的死胡同里寻求解决问题的客观而正当的办法。对马克思来说，这是自然的准绳，不可动摇的法则。哪怕稍有一点不放心的地方，他也要从伦敦给曼彻斯特的恩格斯写信，邀请他来："你能不能到这里来几天？我用自我批判推翻了不少东西，首先我想听听你对这些问题的意见……"

马克思从来都是实事求是而又十分谦虚地评价自己在发展科学思想方面的贡献。甚至在政治经济学领域里经过15年的研究探索之后，在创造出《资本论》天才序言之后，他仍认为，政治经济学作为一个学科"尚待摸索"，纵然他新书的成就已经满足了"要动员一些优秀智慧来填补这个领域"的要求。若是他发现他的创作功绩无意或有意地被人夸大，那他一有机会首先就要声明：……某某发现本来不该归功于我……

与此同时，马克思从来都觉得：他的思想比他的著作要丰富，雄厚的知识潜力使他能攀登新的创作高峰——似乎，更优秀的作品还没有创造出来。他经常涌现出值得广泛研究的新思想；酝酿成熟引人入胜的计划，富有诱惑力的创作构思，可惜，力不从心。"他若能活上一百岁，"拉法格感叹地说，"才能完成他的创作计划，才能把他头脑里蕴藏的宝贵财富贡献给世界。"可惜，他连65岁都没有活到啊！

共产主义的科学奠基人，在着手制定新理论时，首先清算形形色色的冒充预言家，用雷鸣般的笑声使一切由社会幻想构筑起来的沙滩楼阁统统倒塌，不过，看来斗争尚未有穷期，他这一生都在撕破这些人的假面具，一生中都时刻要使战笔保持着锋利。随着时间的推移，这些"预言家"和"幻想主义者"中间又增加了一些胡搅蛮缠、言者无据、"眼不见、心不烦"的不学无术的人；也有一些仰别人鼻息、靠别人施舍混日子的一知半解的同路人。"我们干吗要刻苦学习呢，那是马克思老爹的事儿，他的职责就是什么都要懂。"① 这些保卫者的药方是应该受到嘲笑和怀疑的。

　　马克思越感到清理"肮脏马厩"的时间少，就越关心舆论界的卫生了。1877年夏，他和恩格斯议论过办定期杂志的问题。

　　马克思说："假如出现一种真正科学的社会主义杂志，那的确是很好的事。它将提供进行批评和反批评的可能性，并且我们还可以阐明一些理论问题，揭露教授和讲师们的绝顶无知，同时廓清广大公众（既包括工人，也包括资产者）的思想。"② 可是，他产生了怀疑，觉得从事这项工作的"伪科学"出版物是不会起什么作用的。因为办这些刊物的核心人物恰恰是那些一知半解和不学无术的作家。使他担心的是，这些刊物势必要去"迎合"不学无术的读者；势必对敢于表达批判见解的人提防戒备和保持一段有礼貌的距离。他们的准则是：谁只用谩骂去批判自己的对手，谁就善良；而谁用真正的批评痛斥对手，谁就卑鄙。③

　　在谈到确认我们党的正义的原则时，马克思在这里就批判的目的性问题重复了他年轻时代说过的一句话："不讲情面——这是开展各种批判的首要条件。"使他特别担忧的是召开重要代表大会期间，党内同志

---

① 《马克思恩格斯全集》第1版第28卷，第588页。
② 《马克思恩格斯全集》第1版第34卷，第48—49页。
③ 同上书，第49页。

在阶级敌人面前所造成的各种下意识的自我暴露。"当党遭到公开评论,揭露'它的各种症结'时,我总感到不安。"他认为,"工人阶级的疏忽比起上层人物的胡闹是不足为奇的。"

……你只要深入马克思的创作试验室,便可以认识到,怀疑对他来说只是创造的开始。他善于运用他那种令人震惊的素质:他能"将一件事物分解成一个又一个组成部分。尔后再将每个情节归纳成一个整体,组成各种发展形式,揭示出它们内在的依附关系"。唯有天才的辩证主义者才敢大声疾呼:"要怀疑一切!"

共产主义的导师从来没有把他们发现的真理加以绝对化。但是他们却提防着各种损害马克思主义的言行,提防冒牌兄弟和冒牌预言家的欺骗,他们号召人们攀登高峰。

恩格斯说:"马克思,他的天才、他的几乎可以说对科学过分认真的态度、他的渊博得出奇的学问,都大大超过我们大家,谁硬要批评他的发现,谁就只会自讨苦吃。为此需要一个更进步的时代。"①

＊

＊　　＊

在这里写几句话代替跋。

马克思逝世那年春天,13岁的俄国少年瓦洛佳·乌里扬诺夫在辛尔比斯克中学正好念完四年级。10年后,当恩格斯还健在的时候,这个青年就将忠实于马克思事业的俄国继承人团结起来,组成"斗争协会"②——未来共产党、社会主义十月党的核心组织。当列宁第一次出现在彼得堡革命者中间,人们就把他比做纵横霹雳的闪光的雷电。他那令人钦佩的纯洁心灵、火一样永不熄灭的激情、为伟大事业鞠躬尽瘁的

---

① 《马克思恩格斯全集》第1版第35卷,第221页。
② "斗争协会",全称是"工人阶级解放斗争协会",是列宁在1895年秋于彼得堡建立的第一个社会民主主义的无产阶级组织。它是新型政党——革命的马克思主义政党在俄国的萌芽,第一次在俄国开始把科学社会主义同群众性工人运动结合起来。

气魄令人折服；而使人最信服的，是他纯熟掌握马克思武器的本领。

他第一次出国的目的，是为了同"劳动解放社"建立联系，了解西欧工人运动的状况，这个25岁的列宁——"斗争协会"的组织者和领导者想去会见恩格斯，同马克思最亲密的人建立直接联系。为此，他采取了许多措施。可惜，恩格斯正处在重病之中……在巴黎，弗拉基米尔·伊里奇见到了马克思的女儿。他到她家里，向拉法格夫妇描绘了"俄国事态"的图画，介绍了彼得堡马克思工人小组的情况。这个问题使保尔·拉法格颇感兴趣："这些小组搞些什么活动呢？"弗拉基米尔·伊里奇解释说，组织听些通俗讲座，而最好的小组能够研究政治经济学，钻研马克思的著作。拉法格感到惊异："能看懂吗？""能看懂。"列宁强调指出："我们的小组不是请教授作报告。在那里，把马克思的理论原理同工厂的实际情况紧密结合起来讲。这点若是可行的话，那可说这是《资本论》的独特实习课……"

马克思的辩证方法论对列宁来说，不仅是研究马克思的方法，而且也是具体实践共产主义学说的方法，是指导日常革命活动的必不可少的手段。辩证法是列宁主义——新阶段共产主义学说的灵魂。列宁是解放劳动人民的历史事业的继承人，因此，他开辟的十月革命的道路是最可靠的捷径。

马克思的"无产阶级圣经"，对俄国革命工人来说，确实是认识存在和改变命运的教科书；而对未来的十月革命的领袖来说，则是建立科学共产主义新的高级阶段的坚实基础。在弗·伊·列宁的浩瀚巨著中，不突出马克思思想的章卷是没有的，不把马克思的思想与列宁同志的思想路线紧密联系起来的，也是没有的。

在十月革命前的30年间，弗·伊·列宁领导强大的无产阶级运动，曾多次取得决定性的胜利，在发展革命科学方面作出了极其伟大的贡献，但他丝毫没有忽视从伟大革命导师们的经典著作中认真吸取精华。在翻阅导师的不朽著作时，他简直无法控制喜悦的心情。他在一封信中对同志们兴奋地赞颂："妙极了！我还在'热恋着'马克思和恩格斯，任何对他们的恶意非难，我都不能漠然置之。不，这是真正的人！应当向他们学习。我们不应该离开这个立场。"①

---

① 《列宁全集》第1版第47卷，第534页。

附录一：卡尔·马克思的《自白》*

1910年夏天，我在德拉维依，在现已作古的拉法格夫妇那里工作了几个星期，拉法格夫妇非常热情地把马克思逝世后留下的文献和书信交给我使用。劳拉·拉法格还殷勤地为我腾出了自己的办公室。办公室的优美装饰之一是一幅马克思的画像，这幅画像现在被复制得十分糟糕，作为美国社会党人斯巴戈杜撰的拙劣不堪的马克思传的插图。皓首白发的老人带着慈祥的笑容，微眯着眼睛从墙上望着我们。没有任何轩昂的仪表，也没有任何威严的和令人肃然起敬的气概。这完全是另一个马克思，不是那张众所周知的、给我们留下深沉思想家脸容的照片上的马克思（据劳拉·拉法格说，这是照片中最好的一张）。可以这样说，这位慈祥的老人完全掌握了"当外祖父的艺术"。这使我们情不自禁地想起李卜克内西曾经为我们艺术地描绘的生动情景：这位《资本论》的作者肩上驮着心爱的外孙琼尼毫无顾忌地在屋子里来回奔跑。

不记得是为了什么缘故，只记得有一次我和劳拉谈到马克思时（可能是我表示遗憾说，她父亲给我们留下的关于本人的"自述"太少了），劳拉突然想起，有一天她和她姐姐出于好玩向父亲提了一连串的问题，对这些问题的答案构成了一份类似《自白》的东西。

---

* 本文由达·梁赞诺夫著，宋洪训译，在收入本书时删去了第一部分。——编者注

她把手稿上写着《Confessions》(《自白》)的这份东西找了出来。我现在要向读者介绍的正是马克思的这份问答式的《自白》。我是根据劳拉·拉法格送给我的副本译成俄文的①。问题和答案都是用英文写的。

《自　白》

您最珍重的品德：
　　一般人 ·· 纯朴
　　男人 ·· 刚强
　　女人 ·· 柔弱
您的特点：·· 目标始终如一
您对幸福的理解：······································ 斗争
您对不幸的理解：······································ 屈服
您能原谅的缺点：······································ 轻信
您最厌恶的缺点：······································ 逢迎
您讨厌的人：·· 马丁·塔珀
您喜欢做的事：·· 啃书本
您喜爱的诗人：·················· 莎士比亚、埃斯库罗斯、歌德
您喜爱的散文家：······································ 狄德罗
您喜爱的英雄：······························ 斯巴达克、刻卜勒
您喜爱的女英雄：······································ 甘泪卿
您喜爱的花：·· 月桂
您喜爱的颜色：·· 红色
您喜爱的名字：·································· 劳拉、燕妮

---

① 遗憾的是，在我最后一次去德拉维依时，即1912年12月拉法格夫妇已经自杀以后，当我从这两位继承人那里接收马克思的文献（现已转交给德国社会民主党）时，我既没有找到这份《自白》的原件，也没有找到马克思的其他文献，因为已经有人翻寻过了。——梁赞诺夫注

马克思的自白

您喜爱的菜：……………………………………………… 鱼
您喜爱的格言：…………………………………… 人所具有的我都具有
您喜爱的座右铭：…………………………………………… 怀疑一切

卡尔·马克思

这份《自白》自然不能都 á la lettre（按字面意义）来理解。这里我们可以看到有开玩笑的色彩，但是，由于这些答案是写给亲人的，我们可以看到，在这玩笑中包含着许多真理。

先谈一下马克思写这份《自白》的时间。劳拉在这一点上未能给我提供确切的日期。但是，从马克思对他最喜爱的名字的答案中可以看出，自白写于19世纪60年代前5年，那时他的第三个女儿爱琳娜还是个孩子，未能参与她的姐姐燕妮（马克思的夫人也叫这个名字）和劳拉对马克思的询问。

我们且不谈那些只能被认为是语义双关的俏皮话或那些不甚重要的答案，例如马克思在回答"您喜爱的菜"（英语 dish）这个问题时，写着鱼（英语 fish）。诚然，医学博士和烹调专家拉法格认为有必要指出，马克思是很"不能吃"的人，甚至常常没有胃口。他认为这是由于过分紧张的脑力活动造成的后果，使得马克思食欲大减，因此只好吃一些味重的菜，包括鱼类罐头和酸辣菜。当然，嗜好成癖的唯物主义者——der Mensch ist, Was er isst①——可能会从马克思爱鱼的嗜好中得出严肃的结论，而某位心理学家可能会从这里看到如同抽象思维的巨大能力这样的种族特点。

如果说不是开玩笑，那么也可以从"心理学上"来解释马克思之所以爱月桂（英语是 Daphnce）的原因。同样，像马克思这样"红色的"人（英国人曾经称他为"红色的博士"）显然只能喜爱红色。

---

① 德语，意为：人吃什么，他就是什么样。这个成语出自费尔巴哈。

在第三个问题的答案中，也包含着一种善意的玩笑，这个答案可能会冒犯某位女权拥护者。马克思把男人的刚强同女人的柔弱对照起来。如果责备马克思的夫人和女儿柔弱的话，那是不公正的。在马克思整个一生所不得不进行的斗争中，他的夫人和几个女儿都是他的忠实的同志。命运的残酷打击，四个孩子的去世（他们是19世纪50年代初马克思家所遭受的极端贫困的牺牲品）——对于这一切，马克思夫人是以真正"男人般的"、坚强不屈的毅力来忍受的。李卜克内西（这位"革命的士兵"倒常常被斥责为柔弱）说过，如果说他在伦敦流亡期间之所以没有"彻底沦落"，那只是由于马克思夫人给他们大家树立了榜样。当然，马克思夫人也有表现得柔弱的时刻。我们在马克思的私人通信中也可以看到这种迹象，他常常在信中避谈自己的痛苦和"悲愁"。在这种场合下，他请求不要忘记她毕竟是妇女和母亲。而处境有时到了极端困难的地步，需要马克思那样的坚毅精神和刚强毅力，才不致倾诉像马克思夫人在给亲近朋友们的信中所叙述的苦衷。

　　流亡生活中的内讧也给马克思夫人以更为强烈的影响。尽管马克思常常把最糟糕的事向她隐瞒着，但是她总是知道得十分详细。特别是福格特发起的运动对她的影响更深刻。的确，福格特在对马克思所作的人身攻击方面远远超过所有对手。马克思夫人表现得十分"柔弱"，以致受不住一次又一次的忧虑，因此病得很重，只是在大约马克思写这份《自白》时才得以恢复健康。

　　马克思所喜爱的一般人的品德——纯朴，正是他的整个性格的主要特点。没有比装腔作势、搔首弄姿、矫揉造作更使马克思厌恶的了。李卜克内西说："在我所认识的人物（伟大的、中等的和渺小的）中，完全没有虚荣心的不多，马克思便是其中的一个。他十分伟大、十分刚强，而且也十分高傲，不屑流于虚荣。"[1]

---

[1] 拉法格：《回忆马克思恩格斯》，人民出版社1957年版，第111页。

我们还有另外一个证人，这个人不是马克思的朋友，也不是马克思的仇人，正是我们敬爱的社会学家马·马·柯瓦列夫斯基①。"据吕克勒说，马克思在接待国际工人协会委员，包括接待吕克勒本人时，从不迈步走出他的客厅的后半间屋子，也从不呆在装饰着这间客厅的宙斯神半身像旁边，以表示他属于人类的伟人之列。那种故作姿态是同关于一个充分理解自己的价值从而认为不必用外表方式来强调自身意义的人的观念完全不协调的。"在柯瓦列夫斯基的记忆中，马克思是个"纯朴的、甚至是性格柔和的谈伴，滔滔不绝，富于幽默，喜欢自嘲"。

我们这位年高望重的社会学家，比起马克思来当时还是个后生小辈：他们在年龄上相差三十岁。因此，柯瓦列夫斯基的以下这段话尤其使人感到有趣："在我和《资本论》作者来往相当亲密的两年中，我记不得有任何近似前辈对后辈的那种轻视，而这种轻视是我和契切林以及列夫·托尔斯泰偶然邂逅时所受到的。马克思在较大的程度上是欧洲人，虽然他很可能不太重视他的'学术上的朋友'（scientific friends），而更看重无产阶级阶级斗争中的同志，但是在他的行动中并没有流露出这种私人的偏袒。"②

同马克思的这种纯朴和真诚紧密联系的还有那种不善于"装模作样"的态度，指出这一点的不仅有李卜克内西，而且有同马克思分裂以后才写回忆录的波尔恩。非凡的智力同孩子气和天真无邪的特殊结合（这一点我们在其他天才的经济学家如李嘉图身上也可以看到），使马克思的所有熟人为之感动。他的夫人常常叫他"大孩子"，而他最喜欢同孩子们一起度过休息时间。任何佯装虚饰和玩弄"外交手腕"都是他所痛恨的。正因为这样，他非常不愿接触"社会"，因为在那里他不

---

① 在《我的科学和文学流浪生涯》（载《俄罗斯思想》，1805年1月号）和《两个生命》（载《欧洲通报》，1909年7月号）这两篇回忆录中，谈到的一些事件已为历史所充分证明有许多失实的地方。不过，回忆录的主要意义正在于描绘了马克思给接近过他的人所留下的印象。——梁赞诺夫注

② 拉法格：《回忆马克思恩格斯》，人民出版社1957年版，第351页。

得不情不自禁地去考虑一些"规矩"。我们在他的书信中可以看到他对自己在这方面的无能有过好笑的抱怨，虽然不是经常如此。在这方面，车尔尼雪夫斯基同马克思有惊人的相似之处。

马克思的夫人也同样具有纯朴的特点。柯瓦列夫斯基说，很少有人能像马克思夫人那样既俭朴而又殷勤地接待客人，很少有人能像她那样在非常纯朴的情况下依旧保持法国人称为 une grande dame（"高贵夫人"）的举止和仪态。

马克思在妻子逝世后两个星期给大女儿写信说：

"我从各地和从各种民族、各种职业等等的人们那里收到的吊唁信，都赞扬妈咪，都充满了非常真诚的心情，非常深厚的同情，这是罕见的，而通常这只不过是奉行故事而已。我认为这是因为她一切都自然而真实，朴素而不做作；因此她给人的印象是富有朝气和乐观愉快。"①

现在我们才懂得，为什么马克思把甘泪卿当做自己喜爱的女英雄。虽然是开玩笑的，但是在这玩笑中包含着很大成分的真理。德国文学上没有比这更自然、更真诚、更纯朴的艺术典型了。

* * *

马克思对他的主要特点这个问题的答案"目标始终如一"，在译文中表述得不是完全确切的。译文中客观色彩比较突出。英语 singleness of purpose 更确切的意思是：集中一切思想和意向于一个目标。

马克思说的这句话不是一句空话。很难找到一个人能像马克思那样在一生中始终向往着一个目标。他确实是"只受一个思想所支配，只有满腔炽烈的热情"。他在一封信中明确谈到他将全力以赴所要达到的目标，这就是"事业"。他年复一年、日以继夜地工作，一步也不离开这个目标，以便为无产阶级解放事业建立牢固的基础，一砖一石地建造自己宏伟的创作大厦，锻造反对资本主义社会的取之不尽的武库。在他

---

① 《马克思恩格斯全集》第 1 版第 35 卷，第 242 页。

迈着坚定不移的步伐、循着确定不移的逻辑和向着始终如一的目标前进的一生中，没有任何精神上的迷惘和彷徨的痕迹！无论是理论上和实践上的目标，无论是他的为人和他的创作——都是始终如一的。

马克思在回答女儿提出的问题时，把斗争看做是幸福，把屈服看做是不幸，这里包含着深刻的真理。马克思无论在实践中还是在理论上都是一个战士。他是通过同既成的习俗和传统作斗争的途径来找到自己的真实的真理和正义的真理的，而他又是通过斗争的方式把自己的真理予以实现。无论在共产主义者同盟中，还是在国际里，他都不遗余力地号召各国无产者同屈服和各种形式的奴役（社会贫困、精神蜕化、政治依附）进行斗争。而尽管他讨厌随便动感情，但是他始终能找到一些有力而动人的警句，以便为这一斗争的牺牲者编织桂冠，或者将一些暂时的胜利者钉上历史的耻辱柱。

没有比逢迎、蛮横无理、阿谀奉承更使他厌恶的了——无论在私人生活中还是在政治上都一样。他生来就不能容忍像马志尼或拉萨尔那样一些大人物在自己的崇拜者中有意维护的个人迷信。任何献媚之词，即使是小心谨慎的和彬彬有礼的，都会使他立即提高警觉，产生不信任感。现在还不到时候来公布某些颇有名望的人（他们之所以出名，部分地就是由于同马克思进行了论战）给马克思的信，但是在阅读这些信件的时候就会使人明白，为什么马克思对他们的阿谀献媚采取如此蔑视的态度。

马克思对于任何巴结逢迎最高当局的行为采取特别不能容情的态度。他通过对金克尔著名的辩护言论的激烈批判抨击了这种巴结逢迎行为，也通过对施韦泽向俾斯麦的巴结的批判严厉谴责了这种行为。正因为如此，他赞扬卢梭规劝人们不要同最高当局妥协的那种纯朴的道义节奏。正因为如此，他坚定不移地厌恶在对所谓社会舆论让步中表现出来的那种献媚逢迎、卑躬屈节，或者在对统治阶级的态度上表现出来的更为卑鄙的行为。而这种诽谤诬蔑越是有才华，马克思就越是对它毫不留情。马克思主观上对于"公众"的鼓掌和赞扬，对于声望，从来是毫不在意的。

马克思认为马丁·塔珀是最庸劣卑俗和讨厌透顶的人。这个人曾经享有很大声誉,赢得不少桂冠,此后就无声无息地被人忘却了。目前已被完全忘却的这位马丁·塔珀是19世纪50年代和60年代初英国最有名的诗人。他的作品发行达数百万份。这种令人难以置信的成就对于英国文学史家们来说至今仍然是一个谜。"毫无才华,对诗才的绝对否定到了令人可笑的幼稚地步……塔珀是诗作的瞎子,是韵律的聋子,他没有灵感的火花,没有思想,没有批判力"。他的哲学同奥斯特罗夫斯基作品中的女商人的哲学处于同样的水平,只关心一个问题:是等待好呢还是忍耐好?或者是得到好呢还是丢失好?马丁·塔珀用洪亮的诗句来回答这个问题:"悲痛和欢乐都会在期待的长河中缓和减轻,就像恼怒和慰藉都会在忍耐的水流中稀释变淡一样。"① 正如马克思在《资本论》中所说的,马丁·塔珀在诗人中的地位就像边沁②在哲学家中的地位一样,而这只有在英国才能够想象。当然,马克思没有说对。德国……俄国也产生过这样的诗人。不过只有在英国才能享有如此的声望,在英国至今仍对"舆论"卑躬屈节。

马克思喜爱的诗人是埃斯库罗斯、莎士比亚、歌德,这从他的全部著作中可以看得很清楚。拉法格也向我们证明了这一点。他说:"马克思把埃斯库罗斯和莎士比亚当做人类两个最伟大的戏剧天才来热爱他们。他特别热爱莎士比亚,曾经专门研究过他的著作,连莎士比亚剧中最不惹人注意的人物他都很熟悉。马克思一家对这位伟大的英国戏剧家有一种真诚的敬仰。马克思的三个女儿都能背诵莎士比亚的作品。"③

---

① 克莱奈尔:《维多利亚时代的英国文学》,1909年莱比锡版,第307页,奥利芬:《英国维多利亚时代的文学》第1卷,第234页。塔珀的主要作品是《谚语哲学》,已被译成德文。——梁赞诺夫注
② 边沁是英国资产阶级社会学家,功利主义理论家。
③ 这不是夸大。1911年逝世的英国著名莎士比亚专家菲尔尼瓦是马克思家的朋友。在马克思用英语写的文章中明显地可以看出他对研究莎士比亚有很深的造诣。其中有些文章按其风格来说真是杰作,使英国人赞叹不已。——梁赞诺夫注

马克思崇拜埃斯库罗斯这位伟大的诗人，是由于他第一个根据古代关于普罗米修斯的神话创造了为人类造福、向天上诸神挑战的坚强不屈的战士的伟大形象。马克思在博士论文的序言中把普罗米修斯称为"哲学日历上最高尚的圣者和殉道者"，并引用了他向宙斯派来的使者所说的以下一段话："你知道得很清楚，我不会用自己的痛苦去换取奴隶的服役；我宁肯被缚在崖石上，也不愿做宙斯的忠顺奴仆。"

在马克思青年时代的诗作中也散发着普罗米修斯的这种豪情壮志。在19世纪40年代的一张漫画上，还曾以被缚在崖石上的普罗米修斯的形象来描绘《莱茵报》编辑马克思。

马克思对"您喜爱的散文家"这个问题的答案稍微有点出人意料。甚至拉法格在回忆录中也没有提到狄德罗的名字；马克思把对这位法国百科全书派的启蒙者的崇敬同伟大的德国诗人莱辛、席勒、歌德相提并论。这种看法就是在现时法国文学史家们中也越来越占了上风。狄德罗不仅作为思想家，而且作为作家，要比18世纪启蒙者中的任何人都更经得起时代的批判。马克思所说的这部《拉摩的侄子》就是现在也还是法国散文的典范。狄德罗比任何一个法国启蒙者都更不尚空谈①。狄德罗在同各阶层的"普通人"的直接交往中学来的生动活泼的语言，他的非凡机智的辩证法、善于明确表述各种生活现象中最具有特征意义的现象的天才，他通过寄生虫的嘴抨击法国社会的尖刻的嘲笑——所有这一切足以向我们表明，不仅是马克思，还有恩格斯之所以对狄德罗心怀崇敬的原因②。

马克思把斯巴达克和刻卜勒称为自己喜爱的英雄，显然因为前者是

---

① "人只有一个思想，要表达思想只需一句话；这样读者就会欣然地接受这句含义深刻的话，假如它尽是滔滔不绝的空话，那就会使人厌烦和讨嫌。"转引自莫尔莱：《狄德罗和百科全书派》，第162页。——梁赞诺夫注

② 恩格斯在《反杜林论》中把《拉摩的侄子》称为辩证法的杰作。马克思在《神圣家族》和《资本论》中，在说明贮藏财富在资产阶级社会中所起的作用时引用了狄德罗的著作。——梁赞诺夫注

事业的英雄，后者是思想的英雄。也可能他刚读完传记后这些名字在他脑海中留下新鲜的印象。至少在他给恩格斯的一封信中，我们看到有一处谈到斯巴达克：

"晚上为了休息，我读了阿庇安关于罗马内战的希腊文原本。一部很有价值的书。作者祖籍是埃及。施洛塞尔说他'没有灵魂'，大概是因为他极力要穷根究底地探索这些内战的物质基础。他笔下的斯巴达克是整个古代史中最辉煌的人物。一位伟大的统帅（不像加里波第），高尚的品格，古代无产阶级的真正代表。"①

俄国读者会记得，意大利的乔万尼奥里在一本当时在俄国十分风行的小说中也把斯巴达克描绘成这样的英雄。当然，也可以对斯巴达克采取不同的态度。具有表征意义的是马克思在这位"辉煌的人物"身上所珍视的品格。

究竟是什么东西使马克思喜爱刻卜勒呢？是马克思曾对李嘉图作出高度评价的那种科学上的诚挚精神呢，还是像刻卜勒的传记作者们说的，使他如此轻易地摆脱尘世的忧患和焦虑、"升向追求崇高目标的科学思辨的纯净太空"的"爽朗性格"呢？

刻卜勒也是在同贫困作斗争中度过自己一生的大部分时间的。他在原则方面是从不知道妥协的。和吉霍-德-布莱格不同，他拒绝向"最高当局"作任何让步。任何压力、任何诱惑都不能使他离开既经选定的道路。为了发现天体运行的规律，他多年来紧张而不知疲倦地工作，直到逝世依然是个穷光蛋，远没有结束自己的全部工作。

> 没有谁比刻卜勒飞翔得更高，
> 他在一生结束时穷困潦倒；
> 由于他只赐给智慧以欢乐，

---

① 引自1861年2月27日的信。蒙森也对这位罗马的反对者怀着崇高的敬意。——梁赞诺夫注

他的肉体始终是饥肠辘辘。

马克思的确常常会想起这古老的四行诗,特别是在 60 年代初。那时北美战争使他失去了生活的主要来源,失去了《纽约每日论坛报》的经常工作,令人痛苦的疾病又经常威胁着他的生命;而一想到他还没有写完他那本发现了资本主义世界发展规律的书,常常使他十分难过。

马克思作为喜爱的座右铭说的"怀疑一切"这句话,表面上看来似乎是同他贪婪地渴求知识、始终向往着真理相矛盾的。这不是平庸的怀疑主义意义上的怀疑,不是为怀疑而怀疑。马克思所怀疑的是向我们掩饰现实的"外观"(schein)。在马克思看来,对外观的怀疑——在自然界、政治、经济领域里——是进行任何批判性研究的起点。科学的主要使命就是揭露这个外观。科学以其锋利的尖刀割破现象的外壳,揭示出它的真正的实质,剖露出它的真实的内容。在资本主义社会里,自由、平等、正义,无非是使资产阶级社会的崇拜者们陷入迷途的外观。马克思以自己的怀疑、以自己的批判为武器,第一个发现了资产阶级社会的巨大秘密:使世界财富的创造者——人在经济上、政治上、意识形态上沦为自身产品的奴隶的商品拜物教。

马克思说他喜欢做的事是"啃书本",这是他对自己的这种常常引起朋友们讥笑的嗜好的自嘲。也非常喜欢啃书本的恩格斯甚至曾经同马克思的这个"毛病"进行过斗争。马克思每学一种新的语言,在他面前就开启一扇新的文献之门,而他又总是掌握得同以前的文献一样牢固扎实。马克思开始学习俄语时已经 50 岁出头了。至今还保留着马克思为了掌握俄语变格,特别是变位的奥秘辛勤所作的许多练习的笔记。应当看到,他是多么专心致志地攻读俄国的统计资料和经济文献的①。

---

① 柯瓦列夫斯基写道:"尼古拉-逊和我尽量地寄给他一些俄文材料,而他的妻子却非常关心全部《资本论》尽快完成,因此她开玩笑地吓唬我说,如果我寄来的东西影响她丈夫完成工作的话,她就不再请我吃羊肉饼(chop)了。"关于马克思夫人和恩格斯同俄国文献进行斗争的事,拉法格夫妇也曾跟我谈起过。——梁赞诺夫注

当然，这种"啃书本"的癖好，只不过是他始终尽力攻读自己专业文献的那种"诚挚态度"的另一面。当我们读到他在信中向恩格斯证明，在他没有阅读罗杰斯的新作以前决不能出版几乎已经排印好的《资本论》第一卷时，我们不能不感到有点好笑。而他从所有读过的书籍中所作的大量摘记，说明他又是怎样读书的。凡是比较重要的他都作出摘记，即便他的书库中有这些书。而如果说马克思没有来得及最后加工出版《资本论》（从他的书信中可以看出，他只是在写完全部四卷以后才着手付印第一卷的），那么这不仅是因为患病，而且是由于，正如他自己说的，他不能不为"在理论上使用"阐明资本主义关系发展的新材料所诱惑。

在他对"最能原谅的缺点"这个问题的回答"轻信"（gullibility）中，也表现了这种诚挚的自嘲。马克思并非不是来自此岸世界的人，他参加了很多实践活动。但是，紧张的学术工作，纯粹的书斋活动（注定要产生所谓漫不经心的毛病，而马克思正是一个非常不经心的人），由于没有时间不可能十分经常地跟人接触从而获得"人的知识"，天生地轻信他人——所有这一切使他不止一次地成为一些骗子、甚至是一些政治骗子的牺牲品。他很快就相信自己错了，并跟别人一起嘲笑自己在各种各样"事情"上的过失。他还经常去撕下某个企图得到他的信任的政治骗子，有时甚至是间谍的假面具，不过在这方面马克思有时也成为自己"轻信"的牺牲品，如托尔斯泰、匈牙利的冒险主义者巴尼阿等人。当然，马克思可以说这些骗子会在更大程度上蒙骗别人，以此来为自己辩解，但是马克思毕竟始终未能摆脱这个缺点，特别是在对待"事业上的人们"的态度上。

"人所具有的我都具有"——马克思回答自己的女儿时多么谦虚。当然，她们比谁都清楚地了解他的"弱点"。马克思也可以用这个答案来回答那些竭力企图在他的生活中、在他的书信里翻寻这样或那样过错的所有敌人。一个人无论怎样地高出于周围的人，他毕竟同周围的人有着千丝万缕的联系。一个人很难，甚至几乎不可能完全使自己超脱于"凡人"。马克思也未能不遭如此命运。他作为一个人，或者一个政治家，也同样犯过错误，有过缺点。

凡是读过马克思给恩格斯、贝克尔、魏德迈的信的人，都会感到奇怪：在多年来生活如此窘迫的条件下（只是从1869年起马克思才摆脱贫困），马克思是怎么还保持着使他的朋友们和熟人们为之惊讶的乐观精神和爽朗性格的呢？命运的沉重打击常常使他说出一些激烈和尖刻的话语，有时甚至对待自己的亲人也不甚公允。但是每一次当他费尽力气挣脱日常琐事的重轭之后，他就坚韧不拔地、激动而匆忙地、自傲地昂首继续走他自己的路，去从事他毕生的事业。

当恩格斯在一封信中（已经不是第一次了）想要说服自己的朋友把《资本论》送去付印时，马克思答复他说（1865年7月31日）：

"我不能下决心在一个完整的东西还没有摆在我面前时，就送出任何一部分。不论我的著作有什么缺点，它们都有一个长处，即它们是一个艺术的整体；但是要达到这一点，只有用我的方法，在它们没有完整地摆在我面前时，不拿去付印。"①

马克思的一生也可以这样说。不论他有什么缺点，他的一生是罕有的美丽的艺术整体，是人类历史上无与伦比的。

（原载《马列著作编译资料》，1980年第10辑）

---

① 《马克思恩格斯全集》第1版第31卷，第135页。

附录二：马克思爱书篇

（一）马克思如何利用图书馆

恩格斯曾经称马克思是天才和造诣极深的人。① 马克思所掌握的科学知识，既广博又精深，不但在哲学、政治经济学、文学等社会学科方面都很精通，而且在自然科学方面，诸如数学、物理、化学、生物学、农业、工业、技术史等方面，也都很有研究。为什么马克思能获得这样渊博的科学知识，在科学研究上能取得如此惊人的伟大成就呢？这是与他为了无产阶级革命事业善于利用图书馆，刻苦学习分不开的。

马克思在其革命活动中进行理论著作时，经常利用图书馆，图书馆成了马克思学习的园地，战斗的场所，图书馆成了他从事革命活动和理论著作不可缺少的条件和有力的助手。

马克思利用图书馆进行学习和科学研究工作，从年青时代就开始了。他经常到西欧的一些较大的图书馆去学习。1843年七八月间，他为了批判黑格尔的法哲学，在图书馆里读了一系列的历史和哲学著作，其中有：路德维希的《近五十年代史》，瓦格斯穆特的《革命时代的法国史》，兰克的《德国史》，卢梭的《社会契约论》，孟德斯鸠的《论法的精神》等著作，并作了许多摘记和笔记。1843年10月底至1844年

---

① 参见《马克思恩格斯全集》第1版第35卷，第460页。

间，他住在巴黎，开始系统地研究政治经济学、法国资产阶级革命史，为写一部批判现有制度和资产阶级政治经济学的巨著，整天钻进图书馆的"书海里"。

1845年2月，马克思移居到比利时的首都布鲁塞尔。不久，恩格斯也来到这里。他们经常到布鲁塞尔皇家图书馆去研究哲学、经济学等问题，也常到巴黎国立图书馆进行研究工作。就在这个时候，他们写出了《德意志意识形态》、《关于费尔巴哈提纲》等名著。

1847年12月末，马克思和恩格斯利用布鲁塞尔皇家图书馆的藏书，进行了大量研究工作，结合他们的实践写出了科学共产主义的光辉文献——《共产党宣言》。这是马克思主义的第一个纲领性文件。在这部伟大的著作中，第一次完整、系统地论述了马克思主义的三个组成部分——哲学、政治经济学和科学社会主义。

自1849年8月，马克思在侨居伦敦后的几十年中，直到他逝世为止，除了参加革命活动外，经常是在英国博物馆图书馆里度过的。在那里，他继续研究政治经济学文献，他特别感兴趣的有土地所有制的历史和地租理论，货币流通和价格的历史与理论，经济危机、技术史和工艺史以及农艺学、农业化学等问题。他研究了这方面的大量资料，作了大量的笔记和摘录，为撰著《资本论》作了充分的准备。当时英国博物馆图书馆是世界上最著名的图书馆，藏书丰富，设备齐全，图书馆也为马克思提供了方便条件，所以马克思对英国博物馆图书馆给予很高的评价。马克思在《〈政治经济学批判〉序言》一文中曾这样写道：

"1848年和1849年《新莱茵报》的出版以及随后发生的一些事变，打断了我的经济学研究工作，到1850年我在伦敦才能重新进行这一工作。不列颠博物馆中堆积着政治经济学史的大量资料，伦敦对于考察资产阶级社会是一个方便的地点。最后随着加利福尼亚和澳大利亚金矿的发现，资产阶级社会看来进入了新的发展阶段，这一切决定我再从头开始，批判地仔细钻研新的材料。这些研究一部分自然要涉及到似乎完全属于本题之外的学科，在这方面不得不多少费些时间。"①

马克思利用图书馆，刻苦钻研，呕心沥血，最突出地表现在写作《资本论》一书上。他为了写《资本论》，整整花了 40 年的功夫，凡是与《资本论》有关的科目，他都进行了精心的研究。甚至对地租问题，农业化学、复式簿记等书，他都进行了研究。他为了写《资本论》所阅读过的书，竟多达 1500 种以上，并且作了大量的摘记和笔记。特别在 1851 年这一年，马克思几乎全年都是在英国博物馆图书馆里度过的，他在那里继续紧张地研究政治经济学，仅读书所作的笔记和摘记，就有 14 厚本之多。他为了写《资本论》中关于英国工厂法的问题，虽然只有二十几页的文章，竟把英国博物馆图书馆里所有关于调查报告的材料都看遍了。马克思利用图书馆搜集和研究了大量的资料，极大地丰富了他的那些光辉著作。图书馆成了马克思研究工作不可缺少的宝库。

马克思十分热爱图书馆。马克思的私人图书室收藏了他毕生研究工作中所需的一千多种书，但仍不够他用。为了科学研究，他把图书馆当做家一样，经常到那儿去。

1851 年 5 月 23 日，马克思在给恩格斯的信中说：

"现在每天从早上十点到晚上七点钟，总是在图书馆里"。②

1851 年 6 月 27 日在马克思致约魏德迈的信中还说："从早晨九点到晚上七点我通常是在英国博物馆里。我正在研究的材料多得要命……"③

如果图书馆闭馆，停止阅览，对马克思来说简直是一种损失。

在 1854 年 9 月 2 日的信中又写道：

"可惜图书馆在 9 月 1 日至 7 日闭馆。"④

---

① 《马克思恩格斯选集》第 2 卷，人民出版社 1995 年版，第 34 页。
② 《马克思恩格斯全集》第 1 版第 27 卷，第 282 页。
③ 同上书，第 582 页。
④ 《马克思恩格斯全集》第 1 版第 28 卷，第 388 页。

马克思从不浪费一点时间,他总是孜孜不倦地学习,每天要在英国博物馆进行整整10小时刻苦的研究工作。有这样一个故事:有一天早晨,在英国博物馆阅览室里,一位读者正要坐在一个空位上读书,值班的图书馆员走过来对他说:"先生,这里是马克思博士的座位,请你不要坐在这里,他马上就会来的。"

"马克思博士"?这位读者愣了一下,"就是《共产党宣言》的作者,那位工人领袖吗?"

图书馆员回答说:"就是那位马克思,这里给他摆着英国政府所编的关于工厂工作的年报,马克思博士每天都在这里研究这些年报。"

那位读者又问:"他每天来吗?你确信,他今天会来吗?"

图书馆员微笑着回答说:"请你放心,几年来马克思博士每天到这儿都是整整10小时。在这大阅览室里我所见到的科学研究者中,他是最勤劳和最准时的工作者。我在这里已经20年了,我很清楚我这里的读者们。"马克思在英国博物馆图书馆里所留下的"足迹",就是他坚持数十年如一日,忘我工作、刻苦学习的见证。

马克思对科学研究的态度,认真负责,一丝不苟,即使为一件事或一个数字,他也不惜时间到图书馆去查对一趟,从不满足于间接得来的第二手资料。

在保尔·拉法格《忆马克思》一文里,曾有这么一段回忆:

"马克思永远是非常认真慎重地工作。他所引证的任何一个事实或任何一个数字都是得到最有威信的权威人士的证实的。他从不满足于间接得来的材料,总是要找原著寻根究底,不管这样做有多少麻烦,即令是为了证实一个不重要的事实,他也要特意到英国博物馆去一趟。"[1]

马克思不仅自己孜孜不倦地利用图书馆,作为革命青年的导师,他也严格要求青年要经常到图书馆里去学习。

---

[1] 拉法格:《回忆马克思恩格斯》,人民出版社1957年版,第77页。

"把青年赶进图书馆里去!"这是马克思的学生威·李卜克内西回忆马克思要求青年勤奋学习时说过的一句话。

威·李卜克内西在《忆马克思》这篇回忆录里,有这么一段生动的回忆:

"大约就在这个时候,英国博物馆宏伟的阅览室建成了,里面藏有无尽的宝贵书籍。马克思每天都到那里去,同时也赶我们去。"

"'学习!学习!'这就是马克思经常向我们大声疾呼的无上命令,他自己就是这方面的榜样。"①

马克思对当时的大学教育感到空洞无味,他偏重于到图书馆里有计划地进行学习。威·李卜克内西就是根据马克思的号召,经常到图书馆里学习的一个。他在图书馆里学到了许多知识,后来成了世界工人运动的卓越活动家。由于他经常到图书馆去,学到了不少知识,所以马克思的女儿给他起了个绰号叫"图书馆"。

"钻进书堆里。"这是马克思极为热爱而感乐趣的工作。他在图书馆里积极努力地积累资料,为未来的战斗准备了大量而有力的武器。马克思利用图书馆进行学习、研究、写作,表现出了超人的精力,崇高的品德,却遭到当时一些民主派"头脑简单的人们"的攻击,说什么何必整天钻在书堆里自寻苦恼呀!马克思对这些头脑简单的无知之徒,曾给予严厉而有力的驳斥。知识不是从天上掉下来的。"天才出于勤奋"。只有勤奋学习,刻苦钻研,才能掌握人类的科学知识。

马克思在《资本论》第一卷序言里曾写下这样一句名言:

"在科学上没有平坦的大道,只有不畏劳苦沿着陡峭山路攀登的人,有希望达到光辉的顶点。"②

马克思就是一位不畏劳苦,攀登上科学最高峰的伟人。

我们向伟大的导师马克思学习,要像他那样,除了参加革命活动以

---

① 拉法格:《回忆马克思恩格斯》,人民出版社1957年版,第103页。
② 《资本论》第1卷,人民出版社2004年版,第24页。

外，要抓紧一切时间进行学习。"不学无术，在任何时候，对任何人，都无所帮助，也不会带来利益。"马克思对威廉·魏特林所说过的这句话，至今在人们的耳边萦绕着，激励着千千万万个不畏劳苦的人，踏着伟大导师马克思的足迹，为掌握人类的科学知识，为提高为人民服务的本领而奋斗。

（原载科学院图书馆馆刊《图书馆工作》，1978年第2期，作者蔡兴文）

（二）马克思与藏书

马克思一生酷爱读书，也珍爱藏书。

"勤学苦读"的习惯，在他青年时代就已养成。他除了学法律外，还借读有关哲学、政治经济学、历史、文学、艺术等方面的书籍，他读书的兴趣极广，毅力惊人。为了研究、翻译、写论文的需要，尽管家境贫寒，马克思总要挤出一些钱买书。早在1844年以前，他就开始收藏图书了，其中有黑格尔、傅立叶、卡贝、亚里士多德的著作，以及海涅、歌德、伏尔泰和希腊古典作家等的许多著作。马克思收藏这些图书的目的，是为了掌握人类的科学知识，武装自己的头脑，实现他"要对现存的一切进行无情的批判"的宏伟志愿。要批判，要研究，就需要有大量的资料为依据，因此，图书就成为他迫切需要的工具和武器了。

关于马克思的藏书，在马克思、恩格斯的书信中是有所表述的。

由于马克思在《莱茵报》上发表许多战斗性的文章，对普鲁士政府进行抨击，为此原因便遭到普鲁士政府的驱逐。马克思于1849年8月被迫离开科隆。当时时间紧迫，许多书不便携带，不得不把他1848

年以前的藏书暂时留在共产主义同盟领导人之一、他的朋友罗兰特·丹尼尔斯那里。丹尼尔斯曾将这批藏书开了书单,马克思还在这份书单上亲笔作了记号。1851年,丹尼尔斯不幸被捕,马克思的藏书遭到了抢劫。到了1860年底,剩下的那一部分藏书,靠德国诗人卡尔·济贝尔的帮助,才转寄到伦敦的马克思处。

马克思对这批藏书的关切程度和惋惜心情,曾在给恩格斯的通信中几次提到。如马克思于1861年2月2日在致恩格斯的信中说道:"为了那些书的别扭事,我一共花费了四英镑多。这批藏书的命运多么令人惊奇!"[1]。不久,在1861年2月27日的另一封信中,马克思又提到这批藏书。他说:"科隆人把我的藏书处理很妙。傅立叶以及歌德、海涅、伏尔泰的著作全部被偷走,而对我来说最糟的是,《十八世纪的经济学家》(最新版本,我大约花了五百法郎)、希腊古典作家的许多卷书和其他文集的许多单卷都被偷走了。如果我有机会去科隆的话,我就要同民族联盟的毕尔格尔斯就这个问题好好谈一谈。黑格尔的《现象学》和《逻辑学》也被偷走了。"[2]

谁都知道马克思的藏书每本都来之不易。看到自己的宝藏遭劫被盗,他怎能不为之"别扭",深为感叹呢!

马克思的一生几乎都是在贫困中度过的,他的后半生更为艰苦。尽管如此,极需之书仍在不可不买之列。时而在图书馆里订购,时而亲自上书店去。有时,马克思的家里甚至到了把衣服都典当了、出不了门的困难地步,马克思的夫人燕妮不得不打算把马克思的一些书籍卖掉,以求解脱经济上的极端困境,但是马克思坚决反对。可见马克思多么珍惜藏书啊!经过马克思长年累月的辛勤搜集,终于收藏了一千多册书,形成了马克思学习和研究不可缺少的私人图书馆。

在马克思的私人图书馆里,书柜装满了书,书柜上堆着许多报纸和

---

[1] 《马克思恩格斯全集》第1版第30卷,第152页。
[2] 同上书,第159页。

稿件。在窗子一边有两张桌子也放满了各种各样的书籍、文件和报纸。

马克思白天在英国博物馆里工作,晚上回到家里,休息片刻,又走进自己的图书馆里。为了不停地从事科学巨著《资本论》的写作,他有时工作到早晨四点钟。

由于马克思长期过度劳累,身患重病,以至在他生命的最后几年,不能经常到英国博物馆图书馆去,他就在自己的图书馆里刻苦研究、写作,直到他与世长辞时,他还坐在自己的图书馆里,桌子上还放着正在修改的第二卷、第三卷《资本论》。

马克思与英国博物馆图书馆几乎到了离不开的地步,而与自己的图书馆已"融成一体"了。他使图书像他的"四肢一样"为他服务。

关于马克思的图书馆,保尔·拉法格曾有这样一段生动的回忆:"他从来不允许任何人去整理,或者更确切地说,去弄乱他的书籍和文件。它们只是表面上混乱而已,实际上一切东西都在一定的地方,不须寻找,他就能很快拿到他所需要的任何书籍或笔记簿,即令在谈话时,他也常常停下来,指出书中有关的引文或数字。他与他的书斋已融成一体,其中的书籍与文件就像他自己的四肢一样地服从他的意志。

"他放置书籍不注意外表的整齐,各种开本的书和小册子紧挨着放在一起,他不是按书本的大小,而是按内容来安排书籍的。书对于他乃是脑力劳动的工具,而不是装饰品。他常说:'它们是我的奴隶,一定要服从我的意旨。'"[①]

从这段生动的回忆里,可见马克思的读书精神,并可了解到马克思对图书的管理方法。他经常整理自己的藏书,甚至到了晚年,他还整理过自己的图书馆,并把俄文藏书整理出来,开列书单,题为《在我图书馆里的俄文图书》。

为了人类最伟大的革命事业,马克思酷爱读书、珍藏图书、重视图

[①] 拉法格:《回忆马克思恩格斯》,人民出版社1957年版,第70页。

书馆的精神，永远值得我们敬慕。

（原载国家图书馆馆刊《北图通讯》，作者蔡兴文）

（三）马克思逛书店

柏林的街道。旧书铺。青年马克思正巧在这里。

卡尔站在书架前，贪婪地浏览着图书，好像这里的书他都准备买下来似的。

"劳驾……您这里有《法哲学》一书吗？"

老书商上下打量了一下卡尔，又估量了他的购买能力，才不太情愿地爬上小梯子。

"嗯，就在那儿。边上那本是什么书？不，不，左边那本！"

"文克尔曼的《艺术史》。"

"请拿下来。"

"一共两卷。"

"很好。普卢塔克的著作您放在哪儿啦？"

"在这个架上，是一卷本的。三卷本的这儿很难见到。"

卡尔拿到书后，急不可待地浏览着，他要的书已堆成了一大摞。

这情景让一位顺便走进书铺的先生看在眼里。他手里拿着厚厚一大本书，在慢慢地翻阅着。

"您找到自己所需要的书了吧，鲍威尔博士？"书商朝他说。"要不要算一下账？"

"好的，请算账吧。"鲍威尔一面继续察看书背，一面回答。

"一共三个塔勒，鲍威尔博士。"他转向马克思说，"年轻人，您这里总共三十二个塔勒……"

卡尔·马克思犹豫地掏出小钱包。

"您能把账单给我寄去吗？"

书商用敏锐的目光望着这位陌生的大学生，然后又看了看那高高的一摞书，说道：

"我们只有在特殊情况下才这样做。"

"我想，克纳贝先生，眼前您就遇上了这种特殊情况，"手中拿着一本厚书的那位先生，数着自己应付的三个塔勒说，"据我看，这位学生住在柏林，而且在大学里学习。他会把地址给您留下的。"

书商闷闷地点了一下头，又一次用目光打量一下那摞书，拿起铅笔……

年轻的马克思手中拎着两捆书，同替他说情的陌生人一道走在柏林的大街上。

"您是头一年到这里的吧？"

"是的。"

"我能猜个差不多，"陌生人说，"您是研究法学、语文学、还是史学？"

"我研究哲学。"

"可您的兴趣极为广博……让我帮您拿一捆好吗？"

"不，那怎么可以呢！"

"从文克尔曼到普卢塔克……这么多的书，过一年半载后会变成您的累赘的，您不信吗？一旦您要换个地方住，就得拖着它们走，要不，只好留在女房东家里……您不必惊奇，肯定会是这样的……您叫什么名字？"

"卡尔·马克思，特里尔人。"

他们走过集市广场。看不到尽头的各种各样的小摊。

"特里尔人卡尔·马克思,"陌生人还是以那种逗笑般的、一本正经的口吻重复着说,"我可以给您提个忠告。如果您爱好诗歌,您不要去读席勒的诗,而要读海涅的诗……如果您研究哲学,首先应当注意施特劳斯的作品。这名字您熟悉吗?"

"他大概是位神学家吧?"

"在某种程度上可以这样说。"

"我怕这对我来说几乎是不可能的事情。"

"这又为什么呢?"陌生人还是以那种友好的、谅解的口吻问道。

"我实在是从来还没有想过神的事。"

"这好极了!……"陌生人含笑看着卡尔,他正想坐进一辆过路的马车,便向他伸出手去。"好吧,亲爱的特里尔人 卡尔·马克思,如果您需要什么,请不必客气,我愿为您效劳。请允许我作自我介绍,我是鲍威尔博士,副教授。只要您愿意,可以到神学教研室找我……或者到'什捷海尔'咖啡馆去找,每天两点到四点我都在那儿。再见。"

出租马车已经走远了,鲍威尔转过身来两眼还在望着拎书的年轻人,并以友好的赞许神情频频点头向他告别。

夜晚。卡尔·马克思在路易什特劳大街一所柏林式的住宅里。桌上摆满了书,笔记本打开着。……

(摘自蔡汀等译的《马克思的青年时代》一书,黑龙江人民出版社1983年版,蔡汀系蔡兴文笔名)

译 后 记

为了纪念全世界无产阶级革命导师马克思逝世一百周年，我们翻译了《马克思的自白》一书。马克思的"自白"发表于《马克思恩格斯全集》，但对"自白"的解说和论述，目前尚未看到别的专著，因此，将这本研究"自白"的专书介绍给我国读者是有益的。

《马克思的自白》，原名《自白》，是苏联瓦·奇金的著作。作者以马克思的女儿劳拉的手稿刊印的"自白"文本为依据，参阅了马克思的许多著作，参考了大量有关文献才写成此书，从某些侧面，再现了马克思那平凡而又极为高尚的品格。

为了帮助读者阅读这本书，我们对引文、一些名词、典故作了注释，放在每面的下脚。但因原书引文未注明，尚有未查到出处者，只好由译者冒昧试译了。

参加本书翻译的有智涛同志（前言、第一至第四节和第二十节）、柏森同志（第五至第八节和第十二节）、蔡兴文同志（第九至第十一节、第十三至第十五节和第十九节）、寒薇同志（第十六至第十八节），全书统由蔡兴文同志作了一些校阅。

在翻译的过程中，承蒙敖荣芳同志以及许多其他同志的关心和帮助，在此深表谢意。限于译者水平，又加之时间仓促，错误难免，恳切希望读者予以批评指正。

译者

1982 年 5 月

再版《马克思的自白》译后一席话

当初为了纪念全世界无产阶级革命导师马克思逝世一百周年，我们翻译出版了《马克思的自白》。再有几年，就是马克思诞辰二百周年了，为了让后人对伟大的马克思更加敬仰，在领悟和研究他的伟大学说之外，抽暇去探讨和品味另一个马克思，即"我是人，人所具有的我都具有"的马克思，所以这次将再版的《马克思的自白》奉献给广大读者，就有其不凡的意义了，它既可以作为有研究价值的史料来读，又可以作为一个休闲之书去欣赏。

马克思"自白"的产生

19世纪60年代，"自白"的形式盛行于社会，也盛行于马克思的家中，马克思就填写过多次，马克思的夫人燕妮也填写过。

马克思这份言简意赅的"自白"，其可贵之处，不仅是出自马克思本人之口，而且是他在作答时亲笔书就。至于马克思"自白"的书写时间，用达·梁赞诺夫的话说："劳拉未给我提供任何确切的说法。"他认为"自白"大致作于19世纪60年代初。据《马克思的自白》的作者、马列主义研究专家、作家瓦连京·奇金的推算是1865年。当时，马克思的二女儿劳拉利用马克思完成他天才著作《资本论》第1卷后的休息时刻，让其父亲填写的这份闻名于世的"调查表"，即"自白"。
"所谓'自白'，就是自我解剖和自我表露，确定自己的观点和原则。"
最早接触到这件珍品的是苏联马克思主义理论家、学者达·梁赞诺夫。
他曾于1910年到德拉维依的拉法格夫妇家里做客，从马克思的二女儿劳拉·拉法格手里看到这份"自白"，当时他把这份"自白"译成俄文。后来，他还写出了《卡尔·马克思的自白》一文发表。虽说这份"自白"有着开玩笑的色彩，但在这玩笑之中，蕴含着许多真理。"自白"中不仅找不出轻浮嬉笑的影子，反而能烘托出马克思既平凡而又伟大，既真实而又神奇的高尚人格。马克思的"自白"，不仅为我们后人树立了如何做人的楷模，同时，也可以作为指导我们人生的一个座右铭。

《马克思的自白》一书的作者

《马克思的自白》一书的作者瓦连京·奇金，20世纪50年代曾在莫斯科大学新闻专业学习。毕业后，在《共青团真理报》从事15年的创作生活，专门从事政论体裁的写作，为青年读者写了许多图书和文章，其中他创作的《一百个冬日》一书，在《青年近卫军》出版社多次出版，这是一本叙述列宁生活晚期在克里姆林宫最后一个冬天的历程。此书曾获列宁主义共青团奖。他著述的《某人》一书，令人信服地展现出列宁的论战艺术，曾获尼·奥斯特洛夫斯基全苏文学竞赛奖。80年代，他曾在《苏维埃俄罗斯报》担任过副主编，是一位从事政论体裁写作的作家。

瓦连京·奇金为了把马克思一时的"自白"同马克思伟大的一生结合起来，通过简短的"自白"，让人们深入地了解他的精神世界，了解他的为人，于是便着手学习、翻阅、研究起马克思的著作和传记来。

作者先后阅读了马克思恩格斯的几十部著作，查阅了他们上千封书信，参阅了大量的有关他们的科学和文学的传记，同时还查阅了列宁有关马克思的论述。作者付出了大量的时间和精力，终于写成了一本题为《自白》的小书，1978年在《青年近卫军》出版社出版。出版后不久，1982年由蔡兴文、智涛、柏森、寒薇所译的《自白》，取名为《马克思的自白》，在中国青年出版社出版，印数高达11万册，当时报刊作了推荐，受到社会广大读者的关注和好评。

一封读者来信

《马克思的自白》一书问世不久，出版社便收到北京外国语学院姜金娣老师的来信，社方及时将信转交给译者。信中说："蔡兴文同志，您好！读了您和智涛、柏森、寒薇共译的《马克思的自白》一书后，深受教育，这不仅是因为该书寓意很深，使我们了解苏联对马克思的研究动态，而且其意义远远超过纪念马克思逝世一百周年，使我们对马克思的为人、品格和贡献，以及他对众多著名历史人物的评价有了更进一步的、深刻的但还远远不够的了解，我和我的孩子们读了之后，感奋不已，觉得是上了一次共产主义的道德教育课，使我们懂得应该如何为人类的幸福而奋斗……"

来信对该书作了较高的评价，译者当时深受鼓舞。信是25年前写来的，原件至今保存。我们不但念及和感谢姜金娣老师的鼓励和称赞，还由衷地感激她诚恳地、中肯地提出了宝贵意见。信中提及的两点错处，我们看后点头称是，当即请资深翻译家柏森同志代表译者作了深表谢意的答复。这次能在中央编译出版社出版此书，定将错讹之处改了过来，更上一层楼，出版后，还请姜金娣老师来品评。

为人所不齿的抄袭

《马克思的自白》原作文字凝练、语言精美,且有大量未注出处的引文,翻译起来难度很大,当时确有译者驻足书前,不敢承译。我们几位译者,为了纪念马克思逝世一百周年,斗胆承接下来,几乎花了半年时间才草草译就。

但在《马克思的自白》出版之后过了十几年,又发现了个本子,即彭卓吾先在华龄出版社,尔后又在解放军文艺出版社出版了此书,题目也叫《马克思的自白》。原译者得知后,将书拿来一对照,不禁大吃一惊,竟然查出大段大段的抄袭文字,甚至有的地方连段落、用词、语言、标点一字不差地抄袭。有的地方,他还洒脱地、自由地、随心所欲地改上几个字,便大言不惭地把人家的作品化为自己的"得力之作"。在该抄袭本的后面,还附了达·梁赞诺夫所写的《卡尔·马克思的自白》一文,也是抄的。原译文是宋洪训老师所译,发表在中共中央马恩列斯著作编译局出版的《马列著作编译资料》1980年第10辑上,彭卓吾亦拿来"照抄照搬"。我们认为,这是一种违法行为,不道德行为,理应为人所不齿,必然被推上被告席。1999年,经海淀法院、北京市第一中级人民法院认定并判决:"彭卓吾及解放军文艺出版社的行为构成侵权"、"彭卓吾的行为应属抄袭行为"。此事已过10年,为什么还要提起此事呢?理由只有一个,那就是"避免侵权作品再向社会公众传播",造成鱼目混珠。

最想在中央编译出版社出版《马克思的自白》

译者有一个愿望:最想在出版马列的权威出版社——中央编译出版

社出版《马克思的自白》。现在译者的愿望实现了，这得感谢译审邢艳琦老师，是她颇具慧眼，举荐此书，几位译者向她表示致谢了。

在得知出书计划后，译者立即产生一个构想，就是要把达·梁赞诺夫所著《卡尔·马克思的自白》一文附在书后。此文是宋洪训老师（原中央编译出版社社长、总编辑、研究员）所译，译文准确、流畅，较好地译出了达·梁赞诺夫这位马列主义研究家对马克思的"自白"的赞誉和解读。

《马克思的自白》纳入《领导干部书架》之后，译者还增选了有关马克思的爱书篇，作为附录，一并供领导干部和广大读者借鉴与参考。

这次再版《马克思的自白》，是我们知不足而努力臻至完善的好机会。全书统由资深翻译家孙维韬（智涛）和蔡兴文（蔡汀）作了校阅和改正。但由于我们年事已高、能力有限，仍会有错讹之处，尚希读者予以教正。谢谢！

2011 年 3 月 1 日

Исповедь by В. В. Чикин

Copyright © 1978 by В. В. Чикин

本作品中文专有出版权由中华版权代理中心代理取得,由中央编译出版社独家出版。

图书在版编目(CIP)数据

马克思的自白/(苏)奇金著;蔡兴文等译.
—北京:中央编译出版社,2011.6
ISBN 978 – 7 – 5117 – 0891 – 5

Ⅰ.①马…
Ⅱ.①奇… ②蔡…
Ⅲ.①马克思,K.(1818~1883) – 人物研究
Ⅳ.①A715

中国版本图书馆 CIP 数据核字(2011)第 103081 号

马克思的自白

出 版 人	和 龑
策划编辑	邢艳琦
责任编辑	李小燕
插 图	蔡 青
题 图	严 师
责任印制	尹 珺
出版发行	中央编译出版社
地 址	北京西单西斜街 36 号(100032)
电 话	(010)66509360(总编室) (010)66509350(编辑室)
	(010)66161011(团购部) (010)66130345(网络销售)
	(010)66509364(发行部) (010)66509618(读者服务部)
网 址	www.cctpbook.com
经 销	全国新华书店
印 刷	北京中印联印务有限公司
开 本	787 毫米×1092 毫米 1/16
字 数	180 千字
印 张	14
版 次	2011 年 7 月第 1 版第 1 次印刷
定 价	39.00 元

本社常年法律顾问:北京大成律师事务所首席顾问律师 鲁哈达
凡有印装质量问题,本社负责调换。电话:(010)66509618